학교에서
가르쳐 주지 않는
노동 이야기

※ 이 도서는 한국출판문화산업진흥원의 '2020년 우수출판콘텐츠 제작 지원' 사업 선정작입니다.
※ 법조문의 띄어쓰기는 국립국어원 표준국어대사전 표기를 따랐습니다.

학교에서 가르쳐 주지 않는 노동 이야기

초판 1쇄 발행 2020년 8월 31일
초판 2쇄 발행 2021년 4월 30일

글 오승현
그림 안다연
펴낸곳 도서출판 개암나무(주)
펴낸이 김보경
경영관리 총괄 김수현 **경영관리** 배정은
편집 조원선 배우리 조어진 **디자인** 김효정 윤수경 **마케팅** 신종연
출판등록 2006년 6월 16일 제22-2944호

주소 서울특별시 용산구 한남대로40길 19, 4층(한남동, JD빌딩) (우)04417
전화 (02)6254-0601, 6207-0603 **팩스** (02)6254-0602 **E-mail** gaeam@gaeamnamu.co.kr
개암나무 블로그 http://blog.naver.com/gaeamnamu **개암나무 카페** http://cafe.naver.com/gaeam

ISBN 978-89-6830-608-2 43330

이 도서의 국립중앙도서관 출판시도서목록(CIP)은
서지정보유통지원시스템 홈페이지(http://seoji.nl.go.kr)와
국가자료공동목록시스템(http://www.nl.go.kr/kolisnet)에서 이용하실 수 있습니다.
(CIP제어번호: CIP2020033503)

학교에서
가르쳐 주지 않는
노동 이야기

오승현 글 안다연 그림

개암나무

3장

노동의 안부를 묻는다

4장

너희들이 노동자다

1장

노동의 얼굴들

공부도 노동일까?

학창 시절에 선생님이 잘못을 저지른 학생들에게 화장실 청소를 시켰던 기억이 있습니다. 화장실 청소가 아니더라도 하다 못해 화단 잡초라도 뽑게 했죠. 화장실 청소, 잡초 뽑기는 일종의 육체노동입니다. 그러니까 육체노동이 벌이었던 셈이죠. 육체노동을 처벌로 삼으면 학생들은 '몸을 쓰는 노동'을 부정적으로 여기기 마련입니다. 그래서였을까요, 저는 어릴 때 노동자에 대해서 그다지 좋은 느낌이 없었던 듯합니다. 아니, 정확히는 관심 자체가 없었을 테죠.

그때로부터 30년이 흘렀습니다. 노동에 대한 인식은 달라졌을까요? 예전의 저처럼 요즘 청소년들의 머릿속에도 노동에 대한 생각이 별로 없는 듯합니다. 여러분은 노동이라는 말을 들으면 뭐가 떠오르나요? 2016년 천주교 서울대교구 노동사목위원회가 중·고등학생 1,818명을 대상으로 조사해 보니까, 노동을 듣고 떠오른 단어로 1위가 '힘듦'(48.1%)이었죠. 청소년들

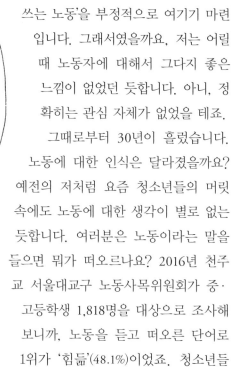

힘듦?

노동?

막노동?

이 생각하는 노동은 힘든 '막노동'에 가까운 듯합니다.

한국 사회에서 고등 교육을 받은 사람은 '노동'을 해서는 안 된다고 생각합니다. 특히 대학 나온 사람이 '몸을 쓰는 노동'을 직업으로 삼는 것은 남부끄러운 일이며 인생의 실패라고 여기죠. 대체로 노동을 힘든 육체노동으로 이해하는데, 노동에 그런 것만 있는 건 아니랍니다. 사무직, 전문직, 판매직, 서비스직, 단순 노무직 등 노동의 방법은 다르더라도 모두 노동이거든요. 생활에 필요한 물자를 얻기 위해 육체적 또는 정신적 노력을 들이는 행위가 노동이랍니다.

그렇다면 여러분이 하는 공부는 노동일까요, 아닐까요? 기본적으로 사람이 땀 흘려 열심히 하는 일은 모두 노동입니다. 그런 점에서 공부도 노동으로 볼 수 있죠. 넓은 의미에서 말이에요. 다만 좁은 의미로 본다면 공부는 노동으로 보기 어렵습니다. 일반적으로 노동이라고 하면 누군가 또는 어딘가에 고용된 상태에서 경제적 대가, 즉 임금을 받고 하는 일로 정의하거든요. 그런 엄밀한 정의에서 보자면 공부는 노동이 아니죠.

물론 예외도 있습니다. 공부가 직업인 사람들이 있으니까요. 학자나 연구원, 대학교수 등은 공부를 직업으로 삼고 있죠. 이 경우에는 어딘가에 고용돼 임금을 받고 공부를 하기 때문에 노동으로 볼 수 있습니다. 정리하면, 연구원이 하는 공부는 일반적인 노동으로 볼 수 있고 여러분이 하는 공부는 일반적

나 지금 노동 중인 건가?

인 노동으로 보기 어렵답니다. 그렇지만 '땀 흘려 하는 일'이라는 점에서 넓은 의미의 노동인 셈이죠.

이럴 때는 좁은 의미의 노동을 기준으로 삼으면 같은 행위도 노동인 것과 노동 아닌 것을 비교적 분명히 구분할 수 있습니다. 똑같이 축구공을 차는 행위지만, 친구들끼리 재미로 하는 축구와 프로팀에 소속돼 직업으로 하는 축구는 엄밀히 다르죠. 친구랑 하는 운동은 노동이 아닌 놀이지만, 운동선수가 하는 운동은 노동입니다. 운동선수는 소속 팀과 계약을 맺고 운동을 해서 보수를 받으니까요. 다시 말해, 노동 계약을 맺고 자신의 노동력을 제공해서 임금을 받는 겁니다.

앞으로 넓은 의미의 노동보다 좁은 의미의 노동에 대해서 주로 이야기하게 될 거예요. 뒤에서 자세히 다루게 될 노동자, 노동법, 노동절, 노동조합(줄여서 '노조'라고 부릅니다), 노동 계약, 노동 교육, 노동 조건, 노동 인권 등 노동이 들어간 말들이 거의 대부분 좁은 의미의 노동과 관련되기 때문이죠. 방송, 신문 등 언론 매체에서 노동에 대해 이야기할 때도 대체로 좁은 의미의 노동을 가리킨다고 보면 됩니다.

자, 노동의 의미를 이해했다면 다음 단계로 노동자에 대해서 알아볼까요? 앞서 넌지시 언급한 것처럼 보통 '노동자'라고 하면 막노동꾼(건설 노동자)이나 공장 노동자 등을 떠올리곤 하죠. 예전에는 '공순이', '공돌이' 같은 말이 있었습니다. 공장 노동자를 비하하는 표현이었죠. 그러다 보니 "왜 열심히 공부하니?"라고 물으면 "나중에 노동자 될까 봐요"라고 대답하는 청소년들도 더러 있습니다. 노동자가 되지 않으려고 공부한다?

공부 잘해서 좋은 대학을 나오면 노동자가 되지 않을까요?

앞서 한 조사에서 청소년들에게 노동자라고 생각하는 직업에 대해서도 물었습니다. 청소년들의 대답은 경비원(1,279명), 농부(1,251명), 마트 계산원(1,248명) 순이었죠. 청소년들에게 진로에 대해서 물어보면 공무원, 대기업, 전문직, 창업 등을 많이 말합니다. 노동자가 되겠다는 청소년은 아주아주 드물지요. 공무원이나 전문직을 꿈꾸는 청소년은 공무원과 전문직 종사자를 노동자가 아니라고 생각하거든요.

국가 기관	공기업	대기업	자영업	전문직 기업	외국계 기업	중소기업	벤처 기업
25%	18.2%	16.1%	9.9%	9.2%	7.3%	4.1%	3.3%

청소년이 선호하는 직장(통계청·여성 가족부, 2018 청소년 통계)

앞에서 노동은 어딘가에 소속돼 임금을 받고 하는 일이라고 했습니다. 그렇다면 어딘가에 고용돼 보수를 받고 일하는 사람이 바로 노동자일 테죠. 그러니 여러분이 대부분 노동자라고 생각하지 않는 공무원, 대기업 사무직 종사자들도 사실은 모두 노동자랍니다. 전문직의 경우에도 직접 창업하지 않고 고용돼 일하면 노동자입니다. 가령 의사가 병원을 개업하면 노동자가 아니지만, 병원에 고용돼 일하면 노동자죠. 자영업(창업)자들을 빼면 나머지는 전부 노동자랍니다.

그렇기 때문에 육체노동을 하지 않는다고 해서 노동자가 아니라고 말할 수는 없답니다. 노동자에는 육체노동자, 정신노동자(지식 노동자), 감정 노동자 등 다양한 형태의 노동자가 있으니까요. 몸을 쓰든 머리를 쓰든 감정을 쓰든 어딘가에 고용돼 일하면 모두 노동자랍니다. 여기서 고용됐다는 의미는 계약을 맺고 노동력을 제공한다는 거죠. 고용자의 지시와 감독 아래 노동력을 제공하고 그 대가로 일정한 보수를 받기로 약속하는 게 고용 계약(노동 계약, 근로 계약이라고도 부릅니다)입니다. 임금을 목적으로 하지 않거나 고용되지 않고, 즉 사업장에 속하지 않고 일하는 사람(프리랜서)은 노동자가 아니죠.

　노동자의 개념을 이렇게 정의해 보면 노동자의 범위가 매우 넓다는 걸 알 수 있죠. 공장이나 건설 현장에서 일하는 공장 노동자나 건설 노동자만 노동자인 게 아니죠. 임금 노동을 하는 모든 사람이 노동자에 속하니까요. 교사, 교수, 경찰, 의사 (병원에 고용된 의사가 해당되죠. 개인 병원을 운영하는 의사는 노동

노동 하면 공장에서 하는 육체노동을 떠올리지만, 육체노동만이 노동인 건 아닙니다.
제철 공장(The Iron Rolling Mill), Adolph Menzel(1872~1875)

자가 아니라 개인 사업자거든요), 기자, 간호사, 회사원, 공무원, 소방관, 판매원, 알바생(적절한 표현은 아닙니다. 뒤에서 자세히 다루겠습니다), 경비원, 연구원, 집배원, 환경미화원 등이 모두 노동자랍니다.

2020년 7월 기준으로 경제 활동 인구는 2,824만 명입니다. 그중 임금 노동자는 2,046만 명입니다. 나머지는 자영업자 555만 명, 무급 가족 종사자 109만 명, 실업자 114만 명이죠. 임금 노동자 2,046만 명이 바로 노동자입니다. 일하는 사람 10명 중 7.2명이 노동자인 셈이죠. 여러분은 대부분 노동자의 자녀이고, 여러분 역시 앞으로 노동자로 살아갈 겁니다. 나중에 여러분의 자녀도 노동자로 살아갈 가능성이 높습니다. 555만 자영업자 중에서 한때 노동자였던 이들까지 포함하면 그 가능성은 더 높아지죠.

"그렇다면 노동자와 근로자의 차이는 뭘까?" 이런 의문이 떠오를지 모릅니다. 이 말들이 불러일으키는 느낌과 이미지에 대해서 먼저 얘기해 보죠. 노동자가 주는 인상과 근로자가 주는 인상은 어떻게 다른가요? 사람마다 조금씩 차이가 있겠지만, 대체로 노동자에서는 거친 사람, 못사는 사람 등의 이미지가 떠오르고 근로자에서는 '사무직 근로자'처럼 뭔가 깨끗하고 세련된 느낌이 들지 않아요? 아마 대개는 그럴 겁니다. 그러나 앞서 설명한 것처럼 정신노동을 한다고 해서 별도로 근로자라고

| 가족이 운영하는 가게 등에서 급료를 받지 않고 일하는 다른 가족을 말합니다. 예를 들어 부모님이 운영하는 식당에서 자녀가 급여를 받지 않고 일하면 무급 가족 종사자가 되지요.

부르지는 않죠.

사실 노동자와 근로자의 외연은 정확히 일치합니다. 외연은 쉽게 말해서 그 개념이 가리키는 대상입니다. 두 단어는 같은 대상을 가리키죠. 정신노동을 하든 육체노동을 하든 모두 노동자인 동시에 근로자랍니다. 같은 대상을 다르게 표현한다고 보면 됩니다.

동일한 대상을 가리키면서 다른 의미를 담아 표현할 때, 논리학에서는 두 개념의 외연이 같고 내포가 다르다고 말하죠. 쉽게 말해, 가리키는 대상(외연)은 같은데 담긴 뜻(내포)이 다르다는 겁니다. 노동자와 근로자가 여기에 정확히 부합하죠. 두 단어가 가리키는 대상이 동일하거든요. 어딘가에 소속돼 임금을 받고 일하는 사람을 지시하니까요. 그렇지만 두 단어에 담긴 속뜻, 즉 두 단어를 통해 강조하고 싶은 겉으로 드러나지 않은 뜻은 전혀 다르죠.

노동(勞動)은 그냥 '일하다'의 의미만 담고 있습니다. 반면에 근로(勤勞)는 근면한(勤) 노동(勞)입니다. '근로'에는 '열심히 일한다'는 의미가 담겨 있습니다. 한자의 뜻을 그대로 한글로 옮겨 보면 시키는 대로 열심히 일하는 사람이 근로자인 것입니다. 시키는 대로 열심히 일한다? 이게 누구의 관점일까요? 근로자를 고용한 사람의 관점이겠죠. 이 사람을 사용자(使用者)라고 부른답니다. 누군가를 부리고(使) 쓰는(用) 사람이란 뜻입니다. 사용자는 누구나 자기가 고용한 사람이 근면하게 일하길 바랄 테죠. 자기가 주는 돈만큼, 아니 그 이상으로 노동자가 열심히 일하길 바랍니다.

반면에 노동자는 자기 권리를 주장하고 그걸 쟁취하기 위해서 노력하는 사람을 뜻합니다. 사용자 입장에서는 대부분 이를 꺼릴 수밖에 없죠. 왜 그럴까요? 열악한 조건에서 일을 시키고 임금을 적게 줘도 노동자들이 아무 말 없이 가만히 있어야 사용자의 주머니가 더 두둑해질 테니까요. 노동자가 자기 권리를 주장할수록 사용자의 이익은 줄어들 수밖에 없습니다. 그래서 사용자는 노동자라는 말보다 근로자라는 말을 더 선호하는 편이죠. 사용자가 볼 때 근로자는 시키면 시키는 대로 일하고 주면 주는 대로 받는 사람에 가깝습니다.

지금까지 오랫동안 한국 사회에서 노동이나 노동자라는 말은 거의 금기어에 가까웠습니다. 대표적으로 5월 1일을 '노동절'이라고 부르지 못하고 '근로자의 날'로 불러 왔습니다. 다른 나라에서는 모두 May Day 혹은 Labor Day, 즉 '노동절'로 부르는데, 우리만 '근로자의 날'이라고 부르는 겁니다. '근로자의 날'에서 근로자라는 말이 왜 문제일까요?

May Day는 1880년대 미국 노동자들이 노동 시간 단축 등을 요구하며 5월 1일 벌인 총파업을 기념하는 날입니다(그래서 5월을 뜻하는 'May' Day로 부르는 거죠). 당시 수많은 노동자가 죽거나 다치고 체포됐습니다. 우리가 하루 8시간 일할 수 있는 데에는 오래전 노동자들이 피 흘리며 치른 희생이 담겨 있는 거죠. 그런 노동자들을 기념하는 날이, 그들이 맞서 싸운 사용자의 입장을 반영한 '근로자의 날'이라니 아이러니하지 않나요?

그렇게 된 이유는 박정희 군사 정권이 1963년에 만든 '근로자의 날 제정에 관한 법률' 때문입니다. 근로라는 말은 군사 독재 시대와 그 이전 일제 강점기부터 써 오던 용어죠. 오래된 용어이고 지금까지도 널리 사용되고 있는 용어입니다. 모든 법의 뿌리에 해당하는 헌법에도 노동은 나오지 않고 근로만 13번 나오죠. 가령 "모든 국민은 근로의 권리를 가진다"는 헌법 제32조가 대표적입니다.

예전에는 아무렇지 않게 쓰이던 노동자라는 단어가 근로자로 바뀌고 난 뒤 노동자를 부정적으로 인식하기 시작한 시기는 박정희 정권과 일치하죠. 1920년부터 1945년까지 두 단어의 언론 노출 빈도를 보면 노동자는 10만 5,806회, 근로자는 99회에 불과했습니다. 그러다 1960년대 박정희 정권을 거치면서 상황이 역전되죠. 1970년부터 1987년까지 근로자는 2만 3,156회, 노동자는 9,046회가 됐거든요.

그렇다면 박정희 정권 이후 여러 정권에서 노동자 대신 근로자를 고집한 이유가 뭘까요? 겉으로 내세운 이유는 북한이랍니다. 북한을 장악한 유일한 정당의 이름이 조선 노동당이거든요. 또 그 당을 대변하는 관영 매체 이름은 노동 신문(로동 신문)이죠. 결국 정권은 '노동자=빨갱이'라는 등식을 내세워 노동이라는 말을 배척했습니다. 빨갱이는 공산주의자 혹은 종북주의자(북한 체제 추종자)를 가리킵니다.

하지만 북한 말고 더 중요한 이유가 있었습니다. 근로는 시키는 대로 열심히 일하는 거죠. 열심히 일하면 일차적으로 기업에 도움이 되지만, 더 나아가 국가에도 도움이 됩니다. 군사 독재 정권은 '조국 근대화'라는 명분 아래 근로를 강조했어요. 그 당시 학생들이 암기해야 했던 국민 교육 헌장의 "우리는 민족

중흥의 역사적 사명을 띠고 이 땅에 태어났다"라는 구절도 이와 관련되죠. 민족중흥은 나라의 번영과 부강을 뜻합니다. 산업 전사(戰士), 산업 역군(役軍) 같은 말도 이때 생겨났죠. 전투하듯이 일하라는 뜻에서 노동자를 군인에 빗댄 겁니다.

'조국 근대화' 이면에는 '정권 강화'라는 욕망이 숨어 있었습니다. 둘 사이에 무슨 연관이 있냐고요? 묵묵히 말 잘 듣고 일 잘하는 근로자는 동시에 고분고분 말 잘 듣는 국민의 다른 이름일 테니까요. 예를 들어, 1987년 현대중공업 파업 과정에서 터져 나온 여러 요구 중 맨 앞에 있던 것이 '두발 자율화'와 '복장 자율화'였습니다. 중고생들이 요구할 만한 사항을 당시의 노동자들이 요구했던 셈이죠. 노동자의 신체를 통제해서 기업뿐만 아니라 정부가 국민의 몸과 정신을 관리하려 했던 겁니다. 국민이 고분고분하면 통치가 더 쉬워지죠.

자, 노동자로 살 것인지, 근로자로 살 것인지는 여러분의 몫입니다. 사용자에 종속돼 사용자의 지시를 잠자코 따를지, 아니면 사용자가 부당한 지시를 내리거나 노동자의 권리를 무시할 때 이를 거부하고 당당하게 자기 목소리를 낼지 선택하면 된답니다. 여러분은 어떻게 살고 싶나요?

그렇다고 노동자가 사용자의 지시를 무조건 거부하라는 뜻은 아닙니다. 고용된 사람은 자기를 고용한 사람의 지시를 어느 정도 따라야겠지만 노예나 종처럼 모든 걸 따를 필요는 없다

| 1987년에 노동자 대투쟁이 있었습니다. 7월에서 9월까지 전국적으로 수천 건의 노동 쟁의가 발생했고, 노동조합이 1986년 2,675개에서 1987년 말 4,103개까지 늘어났답니다. 현대중공업 파업도 노동자 대투쟁의 연장선상에서 벌어진 파업이었죠.

는 겁니다. 핵심은 사용자가 잘못된 지시를 내렸을 때 그걸 거부할 수 있느냐는 거죠. 가령 회사 이익을 위해서 소비자에게 유해한 물질을 사용한다거나 환경 오염을 초래하는 작업을 지시했을 때 아무 말도 못한 채 복종한다면 고분고분 말 잘 듣는 근로자에 불과하겠죠.

2018년 문재인 정부는 헌법 개정안을 발표했습니다. 개정안에서 눈에 띄는 대목 중 하나는 '근로'를 '노동'으로 바꾼 부분이죠. 당연히 '근로자'도 '노동자'로 바꿨답니다. 사용자(기업)의 관점에서 사용되어 온 근로자 대신 사용자와 동등한 관계에 있는 노동자를 내세운 거죠. 그래서 "노동 조건은 노동자와 사용자가 동등한 지위에서 자유의사에 따라 결정"한다는 내용도 담기게 됐답니다. 또 중요한 부분은 "모든 국민은 근로의 의무를 진다"는 조항을 "모든 국민은 일할 권리를 가진다"로 바꾼 내용이죠. 노동을 의무가 아닌 권리로 본 겁니다. 모든 국민이 일할 수 있도록 일자리를 제공하는 것은 국민의 의무가 아니라 국가의 의무입니다.

조선 시대에도 노동자가 있었을까?

"비단옷 사려. 선녀옷처럼 고운 비단옷 사려."

조선 시대 가장 큰 시장은 서울의 종로에 있었습니다. 종로 시장은 당시에 '시전'으로 불렸어요. 시전에는 옷감을 파는 포목전, 쌀을 파는 싸전, 생선을 파는 어물전 등이 즐비했습니다.

포목전에서 일하는 머슴과 오늘날 옷 가게에서 일하는 점원은 사는 시대는 다르지만 얼추 비슷한 일을 하는 것처럼 보입니다. 넓은 의미의 노동으로 보자면 둘 다 노동을 하는 거죠. 땀 흘려 일하니까요. 사실 조선 시대 훨씬 이전부터 그런 노동은 있었죠. 선사 시대에 나무에 올라 과일을 따 먹고 짐승을 사냥해 잡아먹는 게 모두 노동이었으니까요. 그런 넓은 의미의 노동은 인류가 등장하면서부터 있었습니다.

어딘가에 고용돼 임금을 받고 하는 일. 노동의 엄밀한 정의로 보면 머슴은 얼핏 노동자와 비슷해 보이죠. 포목전 머슴은 포목전 주인에게 종속된 채 일했으니까요. 노비든 머슴이든 상황은 비슷했어요. 우리의 노비·머슴, 서구의 노예·농노 등은 공통적으로 종속된 존재들이었죠. 현대의 노동자가 고용돼서 일하고, 옛날의 노비나 노예, 농노 등이 종속돼서 일했던 이유가 뭘까요? 공통적으로 생산 수단이 없기 때문입니다. 토지, 가게, 기계, 공장 등 무언가를 생산할 수단이 없다는 점에서 둘 다 유사하죠.

그러나 엄밀하게 보자면 노비든 노예든 오늘날의 노동자와는 분명히 다르죠. 옛날 노비는 상전의 소유물에 가까웠습니다. 상전은 노비를 물건처럼 거래할 수 있었고, 노비는 상전이 시키는 대로 살아야 했어요. 노비는 직업이 아니라 신분이었으니까요. 고대 귀족들도 노예를 사고팔았고, 병든 노예는 못 쓰게 된 물건을 버리듯이 내버렸습니다. 상전과 노비, 주인과 노예, 영주와 농노의 관계는 모두 주종 관계였습니다.

반면 사용자와 노동자의 관계는 전혀 다릅니다. 오늘날 노동자는 사용자의 소유물이 아니죠. 사용자와 동등한 관계에서 노동 계약을 맺고 해지할 수도 있습니다. 쉽게 말해 언제든 직장을 그만둘 수 있어요. 옛날엔 노동력과 인격이 구분되지 않았다면, 지금은 노동력과 인격이 철저히 구분되죠. 업무 시간에는 노동자에게 지시할 수 있지만, 업무 시간이 끝나면 수평적 관계로 돌아갑니다. 그러니까 사장이나 직장 상사는 노동자의 주인이 아니지요.

포목전 머슴이 포목전에 매여 일했더라도 주종 관계라는 근본적 차이 때문에 노동자라고 볼 수 없습니다. 머슴이 노동자와 비슷해 보여도 그때는 노동자라는 개념조차 없었죠. 노동자는 어디까지나 근대적 개념입니다. 어떤 개념이 생겨나기 전까지는 그 개념이 가리키는 대상도 없었다고 봐야겠죠? 조선 시대에 '국민'이 없었던 것과 같습니다. 당시는 백성만 있었고 국민은 없었죠.

노동자는 서구 사회에서 생겨난 개념입니다. 서구에서 노동자는 언제 어떻게 생겨났을까요? 중세 시대부터 살펴볼 필요가 있죠. 중세 시대에도 시장이 있었고 상업도 나날이 성장했습니다. 하지만 중세 시대는 대체로 농업이 중심을 차지했습니다. 서구에서 노동자가 등장하기 전에는 중세의 농노가 있었어요. 농노는 영주가 다스리는 장원에서 농사를 지으며 살았습니다. 농노는 농사를 지었지만 농사짓는 토지를 소유할 순 없었어요. 장원의 토지는 전부 영주의 소유였으니까요. 농노는 영주의 토지에 속박돼 있었습니다.

그러다 영국의 모직 산업이 발전하면서 상황이 급반전합니다. 모직 산업은 쉽게 말해 양털로 천을 만드는 산업입니다. 양모의 수요가 늘면서 가격이 오르자 15세기 중반부터 지주와 귀족들은 양을 키우기 위해 멀쩡한 농토를 목초지로 바꾸기 시작했습니다. 이를 인클로저(enclosure)라고 부른답니다. 울타리를 둘러쳐서 목초지로 만들었다고 해서 그렇게 부르죠. 이제 양들이 흙을 금으로 만들었습니다.

목초지가 늘어나면서 지주들의 주머니는 두둑해졌지만, 오랜 세월 땅에서 농사를 짓던 사람들은 살 곳을 잃게 됐습니다. '대지의 버림받은 사람들'은 자기가 태어나고 자란 땅에서 살 수 있는 권리를 빼앗겼답니다. 토머스 모어는 《유토피아》(1516)에서 당시 상황을 이렇게 묘사합니다.

국민이라고 하면 국민의 기본권이 보장되는 사람일 텐데, 그 당시는 기본권의 개념 자체가 없었으니까요. 가령 법 앞에서 누구나 차별받지 않을 평등권, 일정한 범위 안에서 자유롭게 행동할 수 있는 자유권, 국가 운영에 참여할 수 있는 참정권 등이 기본권입니다. 이러한 권리가 보장될 때 국민이라고 말할 수 있습니다. 즉 국민이 되려면 국민의 개념이 전제돼야 합니다. 백성이 국민이 되려면 나라의 주권이 국민에게 있다는 민주 국가의 문턱을 넘어서야죠.

양이란 순한 동물입니다. 보통은 아주 조금밖에 먹지 않는 이 유순한 짐승이 이제는 엄청난 식욕을 갖게 됐고, 급기야는 사람까지 먹어 치우는 짐승이 돼 버렸습니다. 양들은 이제 들판과 가옥들과 도시들을 비롯한 모든 것들을 삼켜 버리고 있습니다. (…) 지주와 귀족들이 (…) 자신의 소유지에 울타리를 둘러쳐 목초지를 만들고 아무도 농사를 짓지 못하게 하고 있습니다.

고대 노예의 신체는 주인의 것이었죠. 따라서 노예는 자신의 노동력을 시장에 내다 팔 수 없었어요. 파는 경우에도, 노예가 아닌 주인이 노예의 신체 전체를 팔았죠. 노동력을 포함한 신체에 대한 처분권은 전적으로 주인이 가지고 있었거든요. 이는 중세 농노도 마찬가지였죠. 영주에게 예속된 농노 역시 자기 마음대로 노동력을 팔기 어려웠습니다. 자기 몸이 자신의 것이 아니었던 거죠. 그런데 인클로저 전후로 상황이 바뀐답니다.

인클로저 직전에 이미 농노제가 무너지면서 농노는 신분의 구속에서 해방됐어요. 영국에선 14세기 말에 농노제가 사실상 사라졌죠. 해방된 농노는 자신의 노동력을 팔 수 있게 됐어요. 하지만 자유로워진 이들은 농촌을 떠나지 않은 채 농사를 지으며 살았어요. 그러다 인클로저를 계기로 농촌을 떠나기 시작했답니다. 땅에서 쫓겨난 이들은 어쩔 수 없이 자신의 노동력을 팔아야 했죠. 노동력을 사고파는 일이 지금은 자연스럽지만, 당시에는 드문 일이었죠. 농부들은 이런 상황을 달가워하지 않았답니다. 마땅한 일자리가 없는 탓에 먹고살 길이 막막했으니까요.

　가진 거라고는 자기 몸뚱이 하나밖에 없는 처지였기 때문에 이들은 자신의 노동력을 상품처럼 팔아야 했답니다. 그렇게 이들이 도시로 흘러들어 노동자 계층을 형성하게 됩니다. 이로써 안정적인 노동력을 확보한 자본주의는 이윤의 엔진을 돌릴 채비를 마쳤습니다. 오늘날 세상은 자본주의 시장 경제의 지배를 받는데, 자본주의는 이런 과정을 거쳐 형성되었지요.

　노동자의 등장과 자본주의의 성장은 짝을 이루죠. 자본주의가 작동하려면 두 가지가 꼭 필요하거든요. 첫째는 노동의 상

| 자본주의란 사유 재산을 기반으로 한 경제 체제랍니다. 생산과 소비 등 경제 활동은 자유 계약과 자발적 교환에 따라 이루어집니다. 기업 활동이 기본적으로 자본, 즉 생산 수단의 소유자에 의해 이루어지기 때문에 자본주의라고 불린답니다.

품화이고, 둘째는 생산 수단의 박탈이랍니다. 둘 다 노동자의 탄생과 관련이 깊죠. 노동자가 있어야 공장이 돌아갑니다. 그런데 노동자는 노동력의 처분권이 개인에게 주어지고 노동력이 상품으로 거래될 수 있을 때 탄생하죠. 또 하나 노동력이 상품이 되더라도, 먹고사는 데 아무 지장이 없다면 굳이 노동력을 팔려고 하지 않겠죠. 토지든 기계든 생산 수단을 소유한 사람은 그 수단을 이용해 먹고살 테니까요. 생산 수단과 먹고살 돈이 없는 사람만이 노동력을 팔죠.

유럽인들이 아프리카에 들어갔을 때, 그들은 원주민들이 유럽인들이 만든 공장에서 일하고, 더 나아가 자신들이 만든 상품을 사길 기대했어요. 그러나 원주민들은 그렇게 하지 않았죠. 이유는 간단해요. 원주민들은 공동체의 울타리 안에서 안정적으로 살았고, 더구나 빵나무가 있어서 노동력을 팔지 않아도 먹고살 수 있었기 때문이죠. 유럽인들은 빵나무를 베어 버리고 땅을 빼앗았어요. 즉, 생계 수단을 박탈했던 겁니다. 먹을 것과 살아갈 땅을 잃은 원주민들은 그제서야 공장에 나가 일을 하기 시작했죠. 중세 말에 유럽에서 벌어진 상황도 비슷했어요.

짧게 정리하니까 농민이 노동자가 되는 과정이 아주 순탄해 보이는데, 사실 그 과정은 매우 험난하고 폭력적이었죠. 또 수세기에 걸쳐 이루어졌습니다. 땅에서 농민을 쫓아내는 과정에서 많은 이들이 희생됐어요. 토지에서 농민을 떼어 놓는 과정은 죽음을 불사한 폭력을 동반했답니다. 농민들이 살던 집은 모두 부서지고 불태워졌습니다. 자신이 살던 오두막을 떠나지 않으려던 어느 노파는 불타는 집으로 뛰어들어 타 죽기도 했답니다.

'사유지 청소'(사유지에서 기존 거주민을 내쫓는 일)는 영국 서덜랜드에서 절정을 이뤘습니다. 서덜랜드의 여공작은 1814~1820년 사이에 1만 5,000명(약 3,000가구)의 주민을 쫓아냈죠. 여기에는 영국 병사들이 동원됐는데, 그들은 저항하는 농민들과 격렬하게 충돌했습니다. 토지 청소가 마무리되고 나서 1만 5,000명이 살던 땅에는 13만 1,000마리의 양이 길러졌습니다.

일자리와 먹거리를 찾아 농촌을 떠난 이들은 도시에서 잘 살았을까요? 신분의 속박에서 벗어나 자유롭게 살았을까요? 대부분은 부랑자 신분으로 이곳저곳을 떠돌아야 했습니다. 도시는 농촌에서 밀려난 이들로 넘쳐 났습니다. 아무리 간청해도 아무도 일을 시켜 주지 않았죠. 아직 도시와 공장은 수많은 농민을 수용할 만큼 성장하지 못했거든요. 따라서 도시에 도착한 이들은 부랑자가 되거나 굶어 죽었답니다. 궁핍의 막바지에 이르자 사람들은 어쩔 수 없이 구걸이나 도둑질을 해야 했어요.

구걸은 정식으로 '거지 면허증'을 발급받은 사람에게만 허용됐어요. 별 해괴한 면허증 아닌가요? 늙고 일할 능력이 없는 거지에게만 거지 면허증을 주었답니다. 그렇게 불가피하게 도둑이 된 부랑자들 중에서 무려 7만 2,000명이 사형을 당한 적도 있었죠. 영국 헨리 8세의 재위 기간(1509~1547년)에 벌어진 일이랍니다. 부랑자가 넘치자 17세기에는 유럽 전역에 거대한 수용소들이 세워졌답니다. 철학자 미셸 푸코에 따르면, 17세기 중반 파리에서는 100명 중 한 명꼴로(인구의 1%가 넘는 6,000여 명)

수용소에 감금됐다고 합니다.

헨리 7세부터 노동을 강제하는 법이 만들어졌습니다. 이를 '피의 입법'이라 부르죠. 노동자가 강제 노동을 견디지 못하고 도망치다 붙잡히면 잔인한 처형을 당했답니다. 첫 번째로 체포되면 짐수레에 묶여 태형(죄인을 때리는 형벌)을 당했고, 두 번째로 붙잡히면 태형과 더불어 귀를 절반 잘렸고, 세 번째로 잡히면 공공의 적으로 간주돼 사형을 당했습니다. 정말 잔인하죠? 이런 '피의 입법'이 15세기 말부터 16세기 내내 서유럽 전역에 걸쳐 이루어졌답니다. 그래서 사상가 칼 마르크스는 "자본은 머리끝에서 발끝까지 모든 털구멍에서 피와 오물을 쏟으면서 태어난다"라고 말했습니다.

더 해괴한 법(法)도 있었죠. 헨리 8세의 아들 에드워드 6세 때인 1547년에 제정된 법에 따르면, 노동을 거부하는 사람을 고발하면 고발인이 거부자의 주인이 될 수 있었어요. 가령, 길을 가다 거지로 보이는 사람에게 아무 일이나 시킬 수 있죠. 그런데 그 사람이 그 일을 거부하는 경우, 이를 고발한 사람이 그 사람의 주인이 될 수 있었습니다. 주인이 되면 노예를 부양해야 하지만, 채찍과 쇠사슬을 동원해 노예에게 무슨 일이든 시킬 수 있었죠. 재산과 일자리가 없다는 이유로 자유인이 한순간에 노예로 전락했던 겁니다. 성말 황당하기 그지없죠?

신분의 속박에서 벗어난 이들을 기다리는 건 역설적이게도 임금 노동에 속박되는 운명이었죠. 그러나 도시에서 구할 수 있는 일자리가 거의 없었기 때문에 땅에서 쫓겨난 사람들은 살기가 매우 어려웠답니다. 어렵게 일을 구했다 해도 잘 적응하지 못했어요. 임금 노동자가 되기 전, 농노의 삶이란 어땠을까요? 아주 단순했답니다. 새벽닭이 울면 들에 나가서 일하고 어둑해질 즈음 귀가하는 일상이었죠. 또, 일하다 피곤하면 잠시 눈을 붙이고 배고프면 새참을 먹었습니다. 그들은 계절에 맞춰 간헐적으로만 일했습니다. 그렇게 살던 사람들이 바삐 돌아가는 공장에 적응하기란 쉽지 않았겠죠? 공장에 그들을 몰아넣고 일을 시키는 건 매우 어려웠습니다.

공장을 성공적으로 운영하려면 전근대적인 인간을 근대적 인간으로 개조할 필요가 있었습니다. 근대적 시간 의식과 노동 윤리로 무장한 인간으로 말이죠. 그래서 등장한 게 근대적 '학교'랍니다. 학교에서 지켜야 할 규율은 공장에서 지켜야 할 규칙의 연장이죠. 학교에서 익힌 성실과 근면은 공장에서도 그대로 적용됩니다. '학교:학생'의 관계는 '공장:노동자'의 관계와 같습니다. 우리에게 익숙한 《피노키오의 모험》(1883)은 전근대적 인간이 근대적 인간으로 바뀌는 과정을 비유적으로 보여 줍니다. 피노키오가 학교를 다니면서 철부지에서 소년으로 성장하는 과정은 부랑자가 노동자로 거듭나는 과정과 비슷합니다.

제페토 할아버지와 요정은 기를 쓰고 피노키오를 학교에 보내려 하죠. 그렇지만 피노키오는 학교 가기를 무지 싫어합니다. 학교에 가는 대신 유랑 극단의 공연을 보러 갔다가 온갖 고생을 하죠. 당나귀로 변해 죽도록 일하고, 고래 배 속에서 죽을 고비를 넘깁니다. 학교 수업을 빼먹고 놀기만 한 대가랍니다. 그런 피노키오는 어떻게 사람이 됐을까요? 병든 제페토 할아버지를 간호하면서 양수기를 돌리고 갈대 바구니를 만들어 판 덕분이었죠. 양수기를 돌리고 바구니를 만드는 일이 바로 노동이죠. 즉 학교를 잘 다니든가 성실하게 일하면 '착한 아이'로 보상을 받을 수 있습니다.

초등학교에 처음 입학했을 때를 생각해 보세요. 초등학교에 들어가기 전까지는 시계에 맞춰 생활하지도, 규칙에 따라 생활하지도 않잖아요. 여러분이 갓난아이였을 때는 낮이든 밤이든 먹고 싶을 때 먹고 자고 싶을 때 자는 생활을 했죠. 그러나 학교에 들어가면 수업 시간, 쉬는 시간, 식사 시간 등이 정해지고, 그에 맞춰 생활해야 하죠. 수업 시간과 쉬는 시간은 엄격히 분리되고, 각각의 시간에 따라 할 수 있는 행위가 구분됩니다. 누구나 예외 없이 그 규칙을 지켜야 하죠.

초등학교 입학은 성장 과정에서 거쳐야 하는 커다란 관문이랍니다. 첫째 관문은 시간에 길드는 것이고, 둘째 관문은 규칙을 익히는 것이죠. 대표적인 게 생리적 욕구예요. 입학 전까지 생리적 욕구는 시간에 맞춰 해결하지 않았습니다. 집이나 어린이집에서 화장실은 언제든 가고 싶을 때 갈 수 있었죠. 반면 학교는 완전히 다릅니다. 화장실 이용은 쉬는 시간으로 제한되죠. 학교는 시간, 규칙, 질서, 통제, 근면 등에 맞춰 학생들을 길들입니다.

생각해 보세요. 여러분이 초등학교 다닐 때 방학을 앞두고 가장 먼저 했던 일이 뭔가요? 방학 시간표를 짜는 일이었죠. 동그랗게 원을 그리고 빽빽하게 하루 일과를 짰을 거예요. 거의 모든 초등학생들이 예외 없이 방학 시간표를 만듭니다. 이렇게 학교에서 익힌 습관과 규율은 나중에 직장에서도 그대로 반복됩니다. 근대 자본가들이 학교에 바랐던 것도 바로 그 점이었죠. 학교는 효과적인 직업 훈련소였어요.

이제 현대인은 누구나 성장하면서 자연스럽게 시간의 체계와 규칙의 체계에 자신을 맞춰 가죠. 현대인의 하루는 업무 시간, 식사 시간, 출퇴근 시간 등이 칼같이 나뉩니다. 24시간은 잘게 쪼개지고 조각난 시간들은 시계에 맞춰 바쁘게 흘러가죠. 등하교, 출퇴근 등 일상의 거의 모든 일정이 시계의 조율 아래 빈틈없이 이뤄집니다.

시계가 있어서 시간을 분, 초 단위로 나눌 수 있죠. 덕분에 엇갈리지 않고 약속 시간에 정확히 만날 수 있지만, 다른 한편으로 시계는 현대인을 옥죄고 있습니다. 시간이 우리의 주인이죠. "만약 정해진 시간 안에 일을 끝내지 못하면, 우리의 주인인 시계가 당신들의 밥줄을 끊어 놓을 겁니다." 무인도에 갇힌 한 남자의 사투를 그린 〈캐스트 어웨이〉(2000)에 나오는 대사랍니다. 영화에서 회사 관리자로 분한 톰 행크스가 (무인도에 낙오되기 전에) 시계를 가리키며 직원들에게 한 말입니다. 시간은 시침과 분침처럼 날카로운 선으로 존재합니다. 그 날카로운 선에 베이지 않기 위해 노동자는 정신없이 살아가죠.

근대적 시간과 속도의 폭력성을 잘 보여 주는 영화가 찰리 채플린의 〈모던 타임즈〉(1936)랍니다. 제목부터가 근대적 시간을 나타내죠. 영화의 첫 장면에 커다란 시계가 등장합니다. 시계는 바로 근대의 시간, 즉 기계에 종속된 노동자의 시간을 상징합니다. 영화 속 공장은 인간을 고유한 리듬에서 벗어나 기계적 리듬에 종속시키죠. 가령 주인공이 경찰에 쫓겨 황급히 공장에 들어오는 상황에서도 근무 시간 체크기 버튼을 누르는 걸 잊지 않습니다. 영화는 인간의 몸과 정신이 자기 의지대로 움직이지 않고 기계의 속도와 리듬에 종속되는 상황을 코믹하지만 신랄하게 보여 주죠.

반면에 옛날의 시간에는 여유가 있었습니다. 한적한 시골길을 포장마차를 몰고 가는 느낌이랄까요. 아래 그림은 〈마차와 기차가 있는 풍경〉으로 더 알려진 빈센트 반 고흐의 〈비온 뒤 오

| 일하는 사람의 입장에서는 여유가 아닐 수도 있다고요? 두루뭉술한 시간 개념으로 일을 시키다 보니 더 과도하게 일을 했을까요? 옛날에도 정해진 일이 끝나지 않으면 늦게까지 일하는 경우가 있었지만 그렇다고 죽도록 일을 시키거나 그러지는 않았답니다. 노예나 농노가 죽어 버리면 주인 입장에서는 손해가 컸기 때문에 그런 일은 벌어지지 않았답니다.

비온 뒤 오베르의 풍경(Landscape at Auvers after the rain), Vincent Van Gogh(1890)

베르의 풍경〉이라는 작품입니다. 기차가 상징하는 근대의 시간과 마차가 상징하는 전근대의 시간이 다른 방향을 향해 가고 있죠. 근대의 시간은 기차처럼 맹렬히 질주하지만, 전근대의 시간은 마차처럼 느리게 흐릅니다.

《로미오와 줄리엣》(1597)에는 "달이 나무에 걸릴 때 만나자"라는 구절이 나옵니다. 그때는 지금처럼 '몇 시 몇 분에 만나자'고 약속하지 않았습니다. 우리 조상들도 그랬답니다. 아침 시간은 꼭두새벽, 어둑새벽, 찬 새벽, 밝을 녘 등으로, 저녁 시간은 해거름, 해넘이, 어스름 저녁 등으로 구분했답니다(《우리들의 하느님》 참고). 컨베이어 벨트에 얽매여 흐르지 않는 자신만의 시간과 리듬이 있었습니다. 또 황진이의 시처럼 시간을 휘휘 감거나 펴는 상상을 하기도 했죠. "동짓달 기나긴 밤을 한 허리를 베어 내어/춘풍(春風) 이불 아래 서리서리 넣었다가/사랑하는 임 오신 날 밤에 굽이굽이 펴리라."

근대 이후 시간은 왜 중요해졌을까요? 또, 근대 이전에 비해 왜 더 빡빡해졌을까요? 그것은 시간이 노동하는 세계의 질서이기 때문이랍니다. 공장은 여러 사람들이 동시에 일을 시작해야만 움직일 수 있는 분업 시스템으로 돌아가죠. 한 명이라도 빠지면 이가 빠진 톱니바퀴처럼 맞물려 돌아가지 않습니다. 또 하나, 노동자가 노

달이 나무에 걸릴 때 만나자.

동하는 시간만큼 회사는 이익을 내죠. 그래서 노동자에게 임금을 지급할 때도 노동 시간을 따져서 준답니다. 노동자는 약속한 시간만큼 일하고, 근무 시간을 초과할 때는 초과 근무 수당을 받습니다. "시간이 돈"이라는 벤저민 프랭클린의 유명한 격언은 근대적 시간의 경제성을 상징합니다.

학교, 시계… 이런 근대적 발명품들이 생산 수단의 박탈과 맞물리면서 근대적 삶과 노동자를 만드는 데 기여했습니다. 노동자의 탄생은 두 개의 바퀴로 추동됐습니다. 첫째 바퀴는 생산 수단의 박탈과 노동의 상품화였고, 둘째 바퀴는 학교 교육과 근대적 시간관의 주입이었습니다. 첫째 조건이 경제적 조건이라면 둘째 조건은 제도적 조건입니다. 첫째 조건과 둘째 조건이 맞물려 오늘날의 노동자를 만들었답니다.

청소년이 선호하는 직업 2위가 건물주라고?

　사람들은 월요일마다 괴로워도 출근을 합니다. 출근길에 오르면서 이미 퇴근을 생각할 정도죠. 그래서 '월요병'이라는 말이 생겨났습니다. 주말에 쉬고 한 주가 시작되는 월요일에 육체적·정신적 피로나 무력감을 느끼는 증상을 '월요병'이라 부르죠. '월요병'을 두려워하지 않는 직장인은 별로 없답니다. 노동자 5명 중 4명은 월요병을 겪는다고 합니다. 가장 피곤한 요일도 목요일이나 금요일보다 월요일을 더 많이 꼽는답니다.

　직장인들은 출근해서 하루 중 대부분의 시간을 노동에 바칩니다. 왜 그렇게 살까요? 당연히 먹고살기 위해서죠. 누구나 생계를 위한 돈을 벌어야 합니다. 일을 해야 수입이 생기고, 그 돈으로 살림을 꾸려 갈 수 있습니다. 어느 소설가의 말마따나 하느님이 새는 맨입에 먹여 주시지만 인간은 맨입에 먹여 주시지는 않기 때문이죠. 살아가는 데 꼭 필요한 것들을 얻으려면 일을 해야 합니다. 생계는 노동의 가장 중요한 이유이자 가장 오래된 이유랍니다. 더 나아가 자신이 원하는 것을 소비하기 위해 일하는 사람도 여기에 속하겠죠.

　그러나 돈이나 생계가 노동을 하는 유일한 이유는 아니죠. 생계를 위해 혹은 더 많은 돈을 벌기 위해 일하는 사람도 있지만 먹고살 만한데도 일하는 사람이 있습니다. 그들은 왜 일할까요? 사상가 볼테르를 참고해서 이 질문에 답해 보겠습니다.

볼테르는 《캉디드 혹은 낙관주의》(1759)에서 이렇게 말했답니다. "노동을 하면 우리는 세 가지 악에서 멀어질 수 있으니, 그 세 가지 악이란 바로 권태, 방탕, 궁핍이라오." 궁핍에 대해서는 앞에서 언급했으니까 권태와 방탕을 중심으로 살펴보죠.

권태는 한마디로 삶에 대한 싫증입니다. 사는 게 재미없고 지겨운 상태랍니다. 어떻게 보면 폐인 상태라고 할 수 있죠. 노동은 권태를 쫓아냅니다. 일을 통해 얻는 성취, 일을 통한 관계 맺기 등이 일하는 사람을 살아 있게 만들어 주죠. 무기력한 상태에 빠진 사람도 정신없이 일하다 보면 어느새 무기력에서 벗어난 자신을 발견하게 된답니다.

노동은 우리를 세상과 이어주고, 더 나아가 의미 있는 존재로 만들어 줍니다. 인간은 특별한 존재가 되기를 바라죠. 특별한 존재가 아니라도 최소한 '어떤 존재'가 되길 바랍니다. '어떤 존재'는 사회적 의미에서 어떤 존재입니다. 로빈슨 크루소가 아닌 이상 누구나 사회적 존재로 살아가고 사회적 삶을 영위하니까요. 사회적 삶을 통해 타인과 관계를 맺고 삶의 의미를 찾습니다. 즉 '어떤' 존재가 되기 위해선 어떤 일이든 해야 합니다. 그때의 일이 꼭 노동일 필요는 없겠죠. 봉사 활동, 예술 활동, 시민운동 등 다양한 일이 있을 겁니다. 다만 노동이 다른 활동들보다 더 일반적이고 광범위하죠. 인간은 일을 통해 존재의 의미를 찾는답니다.

| 시민의 입장과 의식을 반영해 이루어지는 사회·정치 운동을 뜻합니다. 환경 문제, 생활 복지 문제, 반전·평화 문제 등을 중심으로 전개됩니다.

    은퇴자들이 겪는 어려움도 여기에 있습니다. 사회적 관계가 끊기고 사회적 인정이 줄어들수록 자존감도 낮아지죠. 사회적 삶의 중심에 노동이 있답니다. 일이 있다는 것은 복된 일입니다. 일의 보람에는 탐구욕, 명예욕, 사회적 성취나 지위, 사회에의 기여 등도 있습니다. 오늘날은 재미, 열정 등도 노동의 중요한 이유가 되고 있죠. 이들 모두가 권태 반대편에 놓여 있죠. 노동이 우리를 만듭니다. 즉 우리가 하는 일이 곧 우리를 만드는 것입니다.

    일을 하지 않고 놀기만 하면 술, 도박, 약물 중독 등에 빠지기 쉽습니다. 볼테르가 말한 방탕이죠. 이때 방탕은 일탈, 더 나아가 범죄로까지 확대해서 이해할 수 있습니다. 물론 일하지 않는 사람이 모두 일탈이나 범죄의 수렁에 빠진다는 건 아닙니다. 마약이나 범죄 등으로 빠지는 계기가 될 수 있다는 거죠. 아마 볼테르도 일하지 않으면 무조건 방탕에 빠진다기보다 빠질 수 있다는 뜻으로 말했을지 모릅니다.

방탕은 두 가지로 나눠서 생각해 볼 수 있습니다. '일을 하지 않음'에서 오는 방탕과 '일을 하지 못 함'에서 오는 방탕이죠. '일을 하지 않음'은 여유가 있어서 일을 하지 않는 경우입니다. 불로 소득으로 살아가는 사람들이죠. 볼테르도 '일을 하지 않음'의 문제에 초점을 맞췄을 겁니다. 일할 필요가 없는 귀족이나 상류층의 방탕 말이죠. 오늘날 더 문제가 되는 건 '일을 하지 못 함', 즉 일을 하고 싶어도 못 하는 상태에서 오는 방탕이 아닐까요? 한국의 청년 실업률은 심각한 수준이죠. 25~29세 실업률은 2000년 6.0%, 2005년 6.4%, 2010년 6.9%, 2018년 8.8%, 2020년 7월 10.2%였죠.

일을 하고 싶어도 못 한다는 건 괴로운 일이죠. 권태에서 확인한 것처럼 일은 사람에게 여러 의미를 줍니다. 직업을 잃는다는 건 관계를 잃는 것이고, 더 나아가 일이 주었던 연대감마저 잃게 되는 것이죠. 실직한 사람은 사회와의 연결 고리가 끊기면서 고립감을 느끼고 자신을 잃기도 합니다. 또, 일을 하지 못하면 낙오하지 않을까 하는 두려움도 겪게 되죠. 실직이든, 경제 불황이든, 경제적 불안과 두려움은 술이나 도박 등에 손을 뻗게 만듭니다.

실직했을 때의 상태를 보면 알 수 있습니다. 꼭 경제적인 어려움 때문이 아니더라도 실직은 자존감 상실과 정체성 훼손(혼란)을 초래합니다. 미국 도심 빈민가를 잘 들여다보면 실업률이 높은 빈민가가 그렇지 않은 빈민가보다 더 문제가 많죠. 즉 엇비슷하게 가난하더라도 사람들이 직업이 있고 하는 일이 있는 동네는, 일이 없어 빈둥대는 사람이 많은 동네보다 범죄율이 낮답니다.

미국 하버드 대학 사회학과 교수인 윌리엄 윌슨은 《일자리가 사라질 때(When Work Disappears)》에서 실업률이 높은 동네가 가난한 동네보다 더 많은 문제가 일어난다고 지적했습니다. 범죄 등 여러 사회 문제는 가난 자체보다 실직이 더 크게 작용한다는 거죠. 범죄, 가족 해체 등 빈민가의 문제들은 대체로 일자리가 없는 데서 발생한답니다. 높은 실업률이 빈곤율 증가와 범죄율 증가로 이어지는 겁니다. 노동은 실업이 초래하는 여러 문제를 해결하는 데 도움이 됩니다.

이렇게 사람이 노동을 하는 데에는 여러 의미가 있답니다. 그런데도 현실에서 청소년이 선호하는 직업 2위가 건물주라고 하죠. 사실 건물주를 직업이라고 말하기는 어렵습니다. '임대 사업자'라는 허울 좋은 이름이 있긴 하지만 떳떳하게 직업으로 내세우기는 그렇죠. 건물주를 부러워하는 사람들도 특별한 직업 없이 임대 수익으로만 먹고 살면 '백수'로 보기도 하니까요. 노동이 가진 여러 의미와 가치에도 불구하고, 또 건물주를 직업으로 내세우기 어려운데도 청소년들이 건물주를 꿈꾸는 이유가 뭘까요?

두 가지 이유가 있습니다. 첫째는 건물주가 됐을 때의 이점이고 둘째는 건물주가 아닌 노동자가 됐을 때의 단점입니다. 건물주가 되면 몸이 편합니다. 애써 일하지 않아도 안정적인 수입이 보장되니까요. 하지만 인간은 밥만 먹고 사는 존재가 아닙니다. 인간에게는 삶의 의미, 인생의 보람이라는 게 필요하죠. 건물주가 되는 일은 삶의 의미나 보람과는 거리가 멉니다. 그런

데도 건물주가 되고 싶어 하는 청소년들이 많죠. 단순히 편하다는 것만으로는 설명되지 않습니다. 여기에 노동자가 됐을 때의 어려움이 작용합니다.

단순히 몸이 고되고 힘든 문제가 아닙니다. "치욕이여, / 모락모락 김 나는/ 한 그릇 쌀밥이여" 이성복의 〈치욕의 끝〉이라는 시의 한 구절입니다. 왜 한 그릇의 쌀밥이 치욕일까요? 한 그릇의 밥을 먹기 위해 아니꼽고 치사한 일들을 참아야 하기 때문이겠죠. 밥벌이의 고단함입니다.

일리야 레핀의 작품 〈볼가강에서 배를 끄는 인부들〉을 보면 마치 가축처럼 헐벗고 남루한 이들이 배를 끌고 있습니다. 증기

선이 등장하기 전까지 강기슭에서 돛단배를 끌던 인부들이 있었답니다. 커다란 배를 강가에 정박하려면 사람의 힘이 필요했더랬죠. 이것이 노동자의 현실이었습니다.

예전에 일본에서 '사축'이라는 말이 크게 유행했습니다. '사축'은 회사와 가축을 결합한 단어죠. 회사에서 가축처럼 부리는, 일에 시달리는 직장인을 낮잡아 이르는 말이랍니다. 즉 직장인은 회사가 사육하는 가축과 다르지 않다는 거죠. 행색은 볼가강의 인부들보다 깨끗할지 몰라도 심신은 가축처럼 매여서 길들여지고 있으니까요. 과도한 업무로 착취를 당해도, 직장 상사의 무시와 경멸에 굴욕감을 느껴도 참고 버텨야 합니다.

"아는 게 뭐냐?" "밥값은 제대로 하겠냐?" "머리는 장식으로 달고 다니냐?" 회사에서는 사생활을 침해하고 인격을 짓밟는 언어폭력이 난무합니다. 직장인 80%가 상사에게 권력형 괴롭힘을 경험한 적이 있다고 합니다. 작은 권력이라도 쥐는 순간 인정사정없이 타인을 짓밟고 괴롭히는 거죠. 마치 출근할 때 인

볼가강의 배 끄는 인부들(Barge Haulers on the Volga), Ilya Repin(1870~1873)

격은 직장 문밖에 두고 오라는 듯이요. 독설이나 잔소리, 인격모독 등의 언어폭력만 있는 게 아닙니다. 성희롱, 심지어 물리적 폭력까지 있죠.

갑질 논란은 또 어떤가요? 한국 사회는 온갖 갑질로 들끓습니다. 기업 대표의 갑질 논란, 백화점 손님의 갑질 논란, 아파트 주민의 갑질 논란…. 마치 상전이 종을 대하듯이 부리고 괴롭히는 거죠. 이 갑질들을 온몸으로 당하는 이들이 누굴까요? 바로 을들, 즉 노동자들이죠. 백화점, 마트 종사자 중 83.3%가 "감정적으로 힘들다"라고 얘기합니다.

철학자 아리스토텔레스는 노동을 대단히 부정적으로 여겼습니다. 아리스토텔레스는 "재산(땅과 노예)을 소유하는 것과 일하지 않는 것, 이 두 가지야말로 인간적인 삶의 기본이다"라고 말했습니다. 노동을 하는 것보다 하지 않는 것이 오히려 인간적 삶에 더 가깝다는 거죠. 고대 그리스인들에게는 잘 먹고, 잘 놀고, 즐겁게 보내는 것이 삶의 보람이자 기쁨이었습니다. 노동은 그야말로 미천한 노예들이나 하는 것이었답니다.

이처럼 노동은 원래부터 긍정적인 개념이 아니었죠. 그래서 노동과 관련된 서양 언어를 보면 대체로 부정적인 흔적이 새겨져 있죠. 가령 히브리어에서는 일을 나타내는 단어와 노예를 나타내는 단어가 아예 같답니다. 노동을 뜻하는 고대 그리스어 포노스(ponos)는 슬픔을 의미하기도 하죠. 라틴어에서 일을 가리키는 'labor'는 고통이 따르는 극도의 노력을 의미합니다. 그래서 영어에서 'labor'는 산모의 진통을 뜻하기도 합니다. 프랑스어로 노동인 'travail'은 고문 도구를 뜻하는 라틴어 'tripalium'

에서 왔습니다. 또 독일어 'arbeit'는 노동과 고생(역경)을 동시에 뜻합니다. 참고로 '알바'는 노동을 뜻하는 독일어 아르바이트(arbeit)의 줄임말이죠.

이런 노동이 국가 입장에서는 아주 중요하죠. 사람들이 일을 해야 사회가 돌아가고 발전하니까요. 노동은 개인의 성취나 보람뿐만 아니라 사회의 유지와 발전에도 꼭 필요하죠.

피테르 브뢰헬의 〈게으름뱅이의 천국〉이라는 그림이 있습니다(제시된 작품은 브뢰헬의 그림을 판화로 제작한 것이죠). 아래 그림을 보면 3명의 남자가 등장합니다. 위쪽에 누워 있는 남자는 군인입니다. 팔 옆으로 쇠 장갑과 긴 창이 보이죠? 그 아래로 'ㄱ'자 모양의 도구를 깔고 누워 있는 사람은 농부랍니다. 'ㄱ'자

게으름뱅이의 천국(The Land of Cockaigne), Pieter Bruegel the Elder(1567)

도구는 곡식을 두드려 알갱이를 타작하는 도리깨랍니다. 그 옆에 대자로 뻗은 남자는 학자입니다. 옆구리에 책을 끼고 누워 있습니다.

그런데 그들 주변으로 온갖 음식들이 널려 있습니다. 그래서인지 그들은 일할 생각은 않고 누워만 있습니다. 농부와 학자와 군인이 자기 일을 팽개치면 어떻게 될까요? 나라의 곳간은 비게 되고 학문은 발전하지 못하며 외적이 쳐들어와도 속수무책이겠죠. 사람들이 일을 해야만 사회가 돌아가고 경제가 발전한답니다. 그래서 국가 입장에서 국민의 근면은 아주 중요하죠. 서양에서 르네상스 이후로 노동이 찬양의 대상이 된 것도 그이유 때문이랍니다. 노동은 신성한 것으로 추앙받기 시작했죠.

예를 들어 애덤 스미스와 데이비드 리카도는 노동을 강조한 대표적인 인물입니다. 애덤 스미스는 노동을 모든 가치의 척도로 정의함으로써 정치 경제학의 탄생을 알렸습니다. 애덤 스미스에 버금갈 정도로 유명한 경제학자 데이비드 리카도도 빼놓을 수 없는데, 리카도 역시 노동을 모든 가치를 생산하는 '가치의 원천'으로 봤답니다. 이후 칼 마르크스가 노동의 위상을 획기적으로 끌어올렸죠. 마르크스는 노동을 아예 인간의 유적 본질

| 애덤 스미스가 노동을 강조한 최초의 인물은 아닙니다. 애덤 스미스 이전에도 여러 철학자들이 노동을 강조했답니다. 철학자 존 로크는 노동이 소유의 근거라고 봤고, 철학자 데이비드 흄은 노동을 통해서 인간과 동물을 구별하려고 했습니다.

| 정치 경제학은 오늘날의 경제학이 등장하기 전까지, 즉 18~19세기에 경제학을 대신해 사용된 용어랍니다. 애덤 스미스는 정치 경제학의 목적은 국가와 국민 모두를 부유하게 하는 것이라고 했지요.

로 파악했습니다. 쉽게 말해, 노동이 인간을 인간답게 만든다는 것이지요.

다른 한편 영국에서는 일하지 않는 사람들을 잡아다가 혼내기도 했습니다. 구빈법에 따라 노동하지 않고 구걸하거나 부랑하는 행위를 엄격하게 단속했지요. 유럽에는 구빈원(救貧院)이라는 게 있었습니다. 표면적으로는 말 그대로 가난으로부터 구제해 주는 곳이지만 실상은 강제 수용소에 더 가까웠답니다. 당시에 가난은 개인의 게으름 탓으로 여겼죠(물론 지금도 그렇게 생각하는 이들이 있습니다). 그래서 구빈원에 가난한 사람들을 가두고 게으름을 징벌했답니다.

또 노동할 수 없는 사람들, 혹은 노동을 멀리한다고 여겨지는 온갖 사람들을 구빈원으로 쫓아내 사회와 격리시켰죠. 그렇게 걸인, 부랑자, 실업자 등은 물론이고 광인(狂人), 노처녀, 마법사, 경범죄자, 무신론자, 동성애자, 성병 환자, 간질 환자, 자유사상가, 방탕한 사람, 불구인 노파, 발육이 부진하거나 기형인 여자 등이 구빈원에 갇혔죠. 사실 이들의 공통점은 거의 없답니다. 이들은 각자의 차이에도 불구하고 사회에 해악을 끼치는 '암적 존재'로 낙인찍혀 강제 수용됐죠.

국가는 구빈원 같은 강제 수용소를 통해 노동을 강요하고 소수자를 괴롭힙니다. 제2차 세계 대전 때 독일 나치가 만든 강제 수용소들이 대표적입니다. 이들 강제 수용소에서는 강제 노동이 실제로 이루어졌습니다. 혹시 아우슈비츠 강제 수용소 정문에 커다랗게 걸린 문구를 아나요? "ARBEIT MACHT FREI." 번역하면 "노동이 (너희를) 자유롭게 하리라"입니다. 아

아우슈비츠 강제 수용소 정문

우슈비츠 수용소가 110만 명의 목숨이 이슬처럼 사라진 곳임을 생각하면 참으로 기만적인 문구죠. 수감자들은 아무리 노동을 해도 자유는커녕 빵도 얻지 못했으니까요. 몸이 허약해지면 곧장 가스실로 직행했죠.

혹시 여러분은 러닝 머신의 탄생 비밀을 알고 있나요? 다음은 《크리스마스 캐럴》에 나오는 대화입니다. 구두쇠 스크루지 영감과 스크루지에게 기부를 독려하는 한 신사가 나눈 대화의 일부이지요.

"그러면 부랑자 수용소는요? 문을 닫은 건 아니겠지요?"
"여전히 운영 중입니다. 그렇지 않다고 말씀드릴 수 있으면 좋겠지만요."

트레드밀(tread mill)

"그러면 트레드밀이나 빈민 구제법이 제대로 돌아가고 있는 거군요."

부랑자를 돕지 않겠냐는 신사의 권유에 스크루지가 반문하고 있죠. 스크루지의 말에 트레드밀(러닝 머신)이 언급돼 있습니다. 원래 러닝 머신은 감옥에서 죄수에게 징벌로 밟게 한 쳇바퀴였습니다. 죄수에게 신체적 고통을 주기 위한 목적도 있었지만 몸을 계속 움직이도록 해서 죄수를 근면하게 만들려는 목적이 컸지요. 즉 '일하는 몸'으로 길들이는 장치였던 셈이죠.

노동을 하는 이유는 다양합니다. 노동은 개인적 이유와 동기뿐만 아니라 사회적 목적, 국가적 필요에 의해서도 추동됩니다. 생계나 성취는 지극히 개인적 이유지만 일을 통한 관계 맺기나 사회적 기여는 사회적 목적에 가깝죠. 관계 맺기나 사회적 기여는 모두 타인 혹은 사회와의 관계 속에서 가능하니까요. 설혹 노동하지 않고도 생계가 해결된다 해도 인간이 계속 노동하는 것은 사회적 목적 때문이죠.

또, 공장이 가동되고 국가 경제가 유지되려면 노동자가 있어야 합니다. 노동자가 없다면 생산 활동이 멈추고 국가 경제도 돌아가지 않겠죠. 우리는 공장이나 기업 등 자본이 먼저 존재해야 경제가 돌아간다고 생각하지만 사실은 노동이 자본보다 우선합니다. 에이브러햄 링컨은 일찍이 '노동은 자본의 아버지'란 말로 노동에 대한 찬사를 보냈습니다. 자본은 노동의 아들에 불과하며 노동 없이는 애당초 존재할 수 없다고 강조했죠.

노동의 미래
인공 지능이 인간의 일자리를 전부 빼앗을까?

지난 20~30년간 세계를 풍미한 주제 가운데 하나가 '노동의 종말'이었습니다. 제레미 리프킨의 《노동의 종말》은 1994년에 출간되었지요. 그 이전에는 사회학자 다니엘 벨이 1973년 쓴 《탈산업사회의 도래》도 있었습니다. 《탈산업사회의 도래》는 현대 사회에서 중요한 것은 노동이 아니라 정보와 지식이라고 설파했답니다. 하지만 여전히 노동은 건재합니다. 대부분의 사람이 노동과 씨름하며 하루하루를 살아가죠. 끝난다던 노동은 영영 끝나지 않을 듯합니다.

그러다 최근에 분위기가 갑작스레 바뀐 느낌입니다. 인공 지능이 비약적으로 발전하면서 분위기가 급반전했죠. 최근 인공 지능은 사물 인식, 음성 인식, 기계 번역, 질병 진단, 이미지 분석 등 여러 분야에서 비약적인 발전과 놀라운 성과를 거두고 있습니다. 이러한 상황에서 인공 지능이 인간의 일을 대체할 수도 있다는 우려가 커지고 있는 것도 사실입니다. 특히 인공 지능과 로봇 기술이 만나게 된다면 인간에게 큰 위협이 될 것으로 예측하고 있지요.

로봇이라는 단어는 1921년 체코의 극작가 카렐 차페크가 발표한 희곡 〈로섬의 만능 로봇(Rossum's Universal Robots)〉에서 처음 사용됐습니다. 여기서 로섬은 희곡에 등장하는 과학자 이름이고, 로섬 뒤에 'Robot'이라는 용어가 보이죠? 로봇의 어원은 체코어의 'robota'에서 찾아볼 수 있습니다. 옛날 체코에서는 부모가 없어서 이 집 저 집 팔려 다니는 고아를 '로보타'라고 불렀다고 해요. 그래서 현대 체코어에서 로보타는 부역, 고된 일 등을 뜻하죠.

로봇은 이리저리 팔려 다니는 고아, 한마디로 뿌리 없는 노예에 가깝답니다. 애초에 사람들은 로봇을 쉬지 않고 파업도 하지 않으며 사람이 시키는 대로 일만 하는 값싼 노예로 상상한 것 같습니다. 로봇은 태생부터 인간의 일자리를 대체하기 위해서 만들어졌던 거지요. 어원이 보여 주듯 인공 지능 로봇은 인간 대신 많은 일을 하게 될 운명입니다. 그렇게 만들어졌고 지금도 그렇게 개발되고 있으니까요.

로봇과 인공 지능이 가장 두각을 나타낼 분야는 생산 현장일 가능성이 높습니다. 흔히 제조업이라고 불리는 분야죠. 로봇과 인공 지능은 일차적으로 제조업 분야의 생산성을 크게 높일 거예요. 생산성을 높인다는 것은 쉽게 말해 같은 비용·노력을 들여 더 많은 가치·생산물을 만들어 낸다는 뜻입니다.

산업용 로봇 '소이어'를 가지고 설명해 볼게요. 소이어는 로봇의 작업을 설계할 엔지니어가 별도로 필요 없는 로봇입니다. 일반 노동자가 본인이 실제로 하는 작업 순서 그대로 로봇 팔을 움직여 주기만 하면 되죠. 그러면 소이어가 동작을 기억한 후에 알아서 작업하거든요. '소이어'의 가격은 3만 달러도 되지 않

| 제조업은 공장에서 상품을 대량으로 만드는 사업을 가리킵니다.

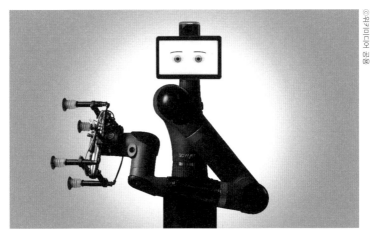

엔지니어나 로봇 전문가가 없어도 작업장에 바로 투입할 수 있는 소이어 로봇(Sawyer robot)

고 수명은 6,500시간입니다. 시간당 비용을 계산해 보면 5,000 원에도 미치지 않습니다. 2020년 기준으로 법정(법률로 규정한) 최저 임금이 8,590원이에요. 사람 노동자보다 더 적은 비용으로 로봇 일꾼을 쓸 수 있는 겁니다. 이처럼 적은 비용으로 큰 효과를 거둘 때 '생산성 향상'이라고 부릅니다.

　기업의 생산성이 올라가는 만큼 물건값을 낮출 수 있죠. 풍요롭고 안락한 삶을 살기 위해 필요한 것들이 지금보다 더 저렴해질 수 있는 거지요. 이렇게만 보면 인공 지능과 로봇은 분명 큰 이점을 가지고 있죠. 반면 기업과 소비자의 입장이 아니라 노동자의 입장에서 보면 상황이 완전히 달라지게 됩니다. 인공 지능과 로봇의 생산성이 향상될수록 노동자의 일자리는 줄어들게 마련이니까요.

　미래에는 인공 지능이 모든 일을 다 할까요? 제조업은 어느 정도 대체가 가능할 겁니다. 지금도 자동화 수준이 매우 높은 편입니다. 2016년 세계로봇연맹(IFR) 발표에 따르면, 전 세계에서 로봇 밀도가 가장 높은 나라가 한국이에요. 로봇 밀도는 노동자 1만 명당 산업용 로봇 대수를 나타낸 수치인데, 한국은 531대랍니다. 2위 싱가포르는 398대, 3위 일본은 305대, 4위 독일은 301대죠. 한국이 독보적이랍니다. 그만큼 많은 로봇이 한국인의 일자리를 빼앗고 있어요.

지금도 많은 공장에서 로봇을 쓰기도 하지만 아직까지는 노동자들이 일을 많이 하고 있지요. 로봇이 모든 일을 다 하지 못하니까요. 그런데 앞으로는 상황이 달라질 거예요. 일명 '스마트 팩토리'로 불리는 무인 공장이 대세가 될 테니까요. 직원 수 110만 명으로, 세계에서 고용 규모가 두 번째로 큰 훙하이정밀공업이라는 기업이 있습니다. 좀 낯선 회사인가요? 애플의 아이폰을 위탁 생산하는 폭스콘 공장의 모회사랍니다. 대만에 위치한 훙하이정밀공업은 폭스콘 공장 노동자들이 연이어 자살하면서 논란이 되자 노동자를 대체할 100만 대 로봇의 도입을 추진 중에 있죠.

전문직은 어떨까요? 전문직도 안전하지 않죠. 의사, 기자, 약사, 번역가, 변호사, 회계사, 변리사, 금융 전문가 등도 위험할 수 있습니다. 인공 지능 '닥터 왓슨'을 보죠. 왓슨은 환자에 대한 정보와 최신 의학 저널 등에 기초해 90% 이상의 정확도로 몇 분 만에 암을 진단합니다. 2014년 미국 종양학회 발표에 따르면 자궁 경부암 100%, 대장암 98%, 직장암 96%, 난소암 95%, 췌장암 94%, 방광암 91%의 확률로 암을 진단한다는 결과가 보고된 적이 있습니다. 왓슨은 MD 앤더슨 암 센터 등에서 4년 동안 암 진단에 활용되었고, 국내에서도 가천대 길병원, 부산대병원, 건양대병원 등이 왓슨을 도입해 시범적으로 운용하고 있죠.

의사가 본인의 전문 분야에서 새롭게 발표되는 논문을 전부 읽으려면 1주일에 160시간이 필요하다고 해요. 논문을 다 읽다가는 다른 일을 전혀 못하겠죠. 1주일은 168시간밖에 되지 않으니까요. 다시 말해 질병을 진단하고 치료하는 데 필요한 최신 정보를 모두 습득하기가 현실적으로 불가능합니다. 따라서 의사 대신 인공 지능이 방대한 정보를 바탕으로 적절한 치료법을 제시하는 게 효율적일 수 있습니다.

기자도 위험하죠. 2014년 3월, LA 지역에 진도 4.4의 지진이 발생했습니다. 〈LA 타임스〉가 이에 대한 속보 기사를 가장 빨리 내보냈어요. 지진 경고가 발령되고 8분이 지나지 않은 시점이었죠. 빠른 기사 작성의 비결은 사람이 아닌 컴퓨터가 기사를 작성한 덕분이었지요. 〈LA 타임스〉 말고도 〈AP〉, 〈로이터〉, 〈블룸버그〉 등이 속보 기사 작성의 일부를 로봇으로 대체했답니다.

ㅣ 왓슨의 성능이 인도 등 아시아 지역에서 미흡하다는 보고도 있습니다. 이는 아마도 왓슨이 기반하고 있는 데이터가 서양인에 맞춰져 있기 때문일지도 모릅니다. 인간이 경험을 통해 배우듯이 인공 지능 역시 경험을 통해 성장한답니다. 어떤 데이터로 학습하느냐에 따라 인공 지능의 성능은 큰 차이를 보이거든요. 그 경험의 기반이 바로 빅 데이터죠. 왓슨이 동양인 환자 샘플과 논문을 충분히 학습한다면 동양인 환자에 대한 진단 정확도를 높일 수 있을 겁니다.

전 세계적으로 간단한 기사를 작성할 수 있는 로봇 저널리즘이 이미 활용되고 있어요. 로봇 저널리즘이란 인공 지능 시스템을 갖춘 컴퓨터 소프트웨어가 기사를 작성하는 방식이죠. 컴퓨터가 인터넷상의 정보를 수집해서 정리한 후에 이를 분석해서 기사를 작성합니다. 워드스미스(Wordsmith)라는 로봇 기자는 2013년 한 해에만 무려 300만 건의 기사를 작성했어요. 영국의 〈가디언〉은 로봇 저널리즘을 통해 기존 기사를 편집해 주간지를 만들고 있죠.

약사도 사라질 가능성이 높아요. 인공 지능 로봇이 처방전을 스캔해 조제하면 실수할 확률이 인간보다 더 적고, 의약품 전문 지식도 약사보다 더 박식하기 때문이죠. 미국의 5개 대학 병원에서 도입한 약사 로봇의 경우, 35만 건을 조제하는 동안 단한 건의 실수도 없었어요. 국내에서는 삼성 병원이 '아포테카케모'라는 조제 로봇을 사용 중이랍니다. 이 로봇으로 조제가까다롭고 위험한 항암 주사제를 조제하죠. 외래 암 환자 처방의 24.9%를 조제했고, 조제 실패율은 0.98%에 불과했지요.

은행원, 증권사 직원 등 금융 계통도 인공 지능으로부터 자유롭지 않죠. 2008년 세계 금융 위기가 발생한 이후에 미국의 금융회사들은 슈퍼컴퓨터 도입을 늘렸어요. 사실 인공 지능이뜨기 전부터 증권사들은 시스템 트레이딩을 이용했죠. 시스템 트레이딩은 컴퓨터 프로그램을 이용해 일정한 조건에 따라 자동으로 주식을 사고파는 방식입니다. 인공 지능은 시스템 트레이딩뿐만 아니라 최근에는 투자 자문(세계 최대 자산 운용사 블랙록의 인공 지능 퓨쳐 어드바이저), 투자 분석(미국 켄쇼사의 인공 지능 워렌) 등에도 활용되고 있어요.

법률 서비스 분야도 인공 지능이 이미 활약 중인 분야죠. '베이커 앤드 호스테틀러'라는 미국 로펌(법률 회사)은 변호사 업무의 30~40%를 차지하는 판례 분석을 인공 지능 변호사 로스(ROSS)를 통해 자동화했습니다. 로스는 1초에 100만 권 분량의 데이터를 분석할 수 있다고 해요. 어마어마하지 않나요? 사람은 1초에 종이 한 장도 다 분석할 수 없는데 말이죠.

다만 어떤 전문직은 간단하지 않습니다. 인간이 인공 지능의 완전한 대체를 받아들이지 못하는 측면도 있거든요. 인공 지능의 기술적 완성도와 상관없이 말이죠.

〈휴먼스〉(2015)라는 영국 드라마가 있어요. 인간보다 더 뛰어난 안드로이드(인간과 구분이 안 될 정도로 사람과 똑같은 로봇입니다)가 등장하는 SF 드라마랍니다. 드라마에서 의대 진학을 준비하는 딸의 성적이 크게 떨어지는 일이 벌어지죠. 부모가 성적이 떨어진 이유를 묻자 딸이 눈물을 흘리며 이렇게 말합니다. "열심히 공부한다고 무슨 소용이죠? 나중에 의사가 돼도 어차피 인공 지능이 훨씬 더 잘할 텐데요." 왓슨같이 뛰어난 인공 지능 의사를 보면 그런 걱정이 기우가 아닌 듯하죠.

하지만 의료용 인공 지능 왓슨은 암 진단에 있어 놀라운 정확도를 보여 주지만 단독 진료는 불가능합니다. 현행법상 사람이 아닌 존재의 진료가 허용되지 않기 때문이죠. 법이 바뀔 수는 없을까요? 당분간은 어려울 겁니다. 사람들은 인공 지능의 단독 진료에 거부감을 갖고 있거든요. 인공 지능이 오류를 저지를지 모른다는 불안감, 인공 지능은 인간 의사와 달리 법적·

사회적 책임을 지기 어렵다는 한계 때문에 단독 진료를 허용해선 안 된다고 생각하죠. 결국 미래에는 인간과 인공 지능이 서로의 부족한 부분을 채워가는 협업, 협력의 관계가 될 겁니다.

제조업, 전문직과 다르게 서비스업으로 오면 얘기가 달라집니다. 인공 지능이 인간을 완벽히 대체하긴 어렵거든요. 2010년 버클리 캘리포니아 대학에서 개발한 '빨래 개는 로봇'은 수건 한 장을 개는 데 19분이 걸렸죠. 2년 후에도 다소 나아지긴 했지만 티셔츠 한 장을 접는 데 여전히 6분 이상이 걸렸습니다. 이처럼 물리적 조작이 요구되는 작업은 생각보다 대체가 쉽지 않습니다. 서비스업은 제조업과 다른 측면이 있는 겁니다.

글로벌 컨설팅 업체 맥킨지의 조사에 따르면 800개 직업에서 이루어지는 2,000가지 주요 작업 중 900가지를 자동화할 수 있다고 합니다. 그런데 800개 직업 중 자동화로 완전히 대체할 수 있는 직업은 40개에 불과하다고 합니다. 한 직업의 여러 작업을 부분적으로 자동화할 수 있지만 어떤 직업 전체를 자동화하긴 어렵다는 뜻이죠. 결국 로봇의 노동력 대체는 '직업' 단위가 아니라 '작업' 단위로 이해해야 합니다. 다시 말해, 로봇이 한 업종에서 사람을 완전히 대체하기보다 사람의 작업 일부를 대체함으로써 로봇과 사람이 함께 일하면서 효율성을 높일 거라는 의미랍니다.

결국 직업 수준이 아니라 작업 수준에서 일부를 대체한다고 봐야 맞겠죠. 제조업과 달리 서비스업은 전면적인 대체가 아니라 인간과 인공 지능의 협업 형태로 공존하게 될 가능성이 높아 보입니다. 당분간은 그렇습니다. 완벽한 서비스가 가능하려면 인간의 요구와 감정을 정확히 파악하고 반영할 수 있어야 합니다. 물론 이 부분은 인공 지능이 발전할수록 개선될 여지가 충분하죠. 그런데 인공 지능이 아무리 발전해도 로봇 기술이 뒷받침되지 않는다면 서비스업에서 인공 지능의 인간 대체는 한계에 부딪힐 수밖에 없습니다.

사실 제조업도 로봇이 노동자를 대거 대체하고 있지만 로봇이 다 하진 못합니다. 대표적인 사례가 테슬라입니다. 무인 공장을 계획했지만 생산에 차질을 빚으면서 결국 노동자 투입을 결정했거든요. 로봇 기술이 발전하는 속도에 따라 달라질 수 있지만 인공 지능이 인간의 역할을 완전히 대체하기는 힘들 듯합니다.

서비스업과 더불어 마지막까지 살아남을 일자리는 무엇일까요? 가수, 연기자, 예술가, 정치인, 심리 상담사 등은 살아남을 것입니다. 이들 직업을 그 특성에 따라 나누면 크게 세 가지로 분류할 수 있지요.

첫째, 새로운 것을 창조하는 직업은 앞으로도 살아남을 가능성이 높습니다. 작가, 예술가, 건축가, 디자이너, 소프트웨어 프로그래머…. 인공 지능은 기존 데이터가 있어야만 작업이 가능하죠. 여기에 착안한다면 기존의 데이터가 거의 없거나 적은 직업을 선택하면 됩니다. 독창성, 창의성이 더 중요해질 수밖에 없지요.

둘째, 인간의 마음이나 감성과 연결된 직업들은 살아남을 가능성이 높죠. 노인 간병, 아이 보육, 심리 상담, 학생 상담 등이랍니다. 이들 업무의 특징이 뭘까요? 공장 로봇과 달리 반복적 작업을 하지 않으면서 대인 관계를 요하는 업무랍니다. 다시 말해 사람을 정성스레 돌보는 일, 사람 사이에 사회적 상호 작용이 필요한 일, 내밀한 소통을 통해 공감하고 위로하는 일 등은 인공 지능이 하기 어렵죠.

셋째, 판사, 정치인, CEO 등 사회에서 중요한 판단을 하는 직업들은 건재할 겁니다. 생산 활동이나 위험한 작업 등은 인공 지능이 도맡아 하겠지만 인간의 운명을 결정하는 일은 인간이 계속 맡을 가능성이 높죠. 판사의 업무도 자동화할 수 있답니다. 법전과 판례 등을 완벽하게 숙지한 인공 지능이 판결하도록 하면 되죠. 경범죄, 음주 운전, 경미한 교통사고 등 간단한 판결은 인공 지능 판사에게 맡길지도 모르죠. 그러나 사람을 구속하거나 중형을 선고하는 등 사람의 운명을 결정하는 중요한 결정은 인공 지능에 맡기지 않을 가능성이 높지요.

20세기 초 자동차가 마차를 밀어냈습니다. 1912년 미국 자동차 판매량은 35만 대에 달했고, 5년 뒤 뉴욕에서 마차가 사라졌죠. 마차의 퇴장과 함께 수많은 일자리도 이슬처럼 증발했습니다. 마차 수리공, 말굽을 가는 사람, 거리의 말똥을 치우는 청소부 등등. 그렇게 일자리가 줄어드는 듯했지만 반전이 일어났습니다. 자동차와 관련된 일자리가 증가했던 겁니다. 이처럼 미래의 일자리 상황을 예측하는 일은 쉽지 않습니다. 특히 새롭게 생겨날 일자리를 구체적으로 예측하기란 더더욱 어렵죠.

예측하는 데 여러 어려움이 있지만 이것 하나만은 분명합니다. 생겨날 일자리가 사라질 일자리에 미치지 못한다는 점이죠. 미래의 일자리 문제는 우리에게 커다란 도전장을 던지고 있습니다. 과학 기술은 노동의 해방이 아니라 노동의 박탈을 초래할지 모릅니다. 일자리를 잃게 될 사람들은 과연 어떻게 먹고살까요? 이 문제에 대한 고민이 절실히 필요해 보입니다. 노동자는 곧 소비자입니다. 소비자가 사라지면 경제 시스템이 무너지겠죠. 모래사장에 그린 얼굴처럼 순식간에 지워질지 모릅니다. 우리는 지금과 급격히 달라질 미래를 대비해야 합니다.

노동자인 듯 노동자 아닌 듯

'요기요', '배달통', '배달의 민족' 같은 배달 앱으로 음식을 주문해 먹는 사람들이 많죠. 덕분에 전국에서 최대 33,000명의 배달원이 늘어났다고 합니다. 배달원 종사자는 13만 명에 달하죠. 이들은 주로 배달 대행업체에서 일감을 받아 일하죠. 배달 앱으로 주문하면 배달 앱은 식당에 주문 내용을 전달합니다. 그러면 식당에서 음식을 만들어 배달 대행업체에 배달을 요청하죠. 배달 대행업체는 대기 중인 배달원들을 호출하고 배달원은 음식점에서 음식을 받아 배달합니다.

문제는 배달 앱 운영 회사도, 배달 대행업체도, 식당도 노동자를 고용하지 않는다는 사실입니다. 이들 배달원들은 배달 대행업체에 소속된 노동자가 아니랍니다. 업체는 일종의 중개소에 불과하죠. 대리운전과 비슷한 운영 구조입니다. 대리운전, 배달 대행 등을 플랫폼 노동이라고도 합니다. 정보 통신 기술의 발전으로 속속 등장하는 스마트폰 앱이나 소셜 네트워크 서비스(SNS), 유튜브 등을 디지털 플랫폼이라고 합니다. 이런 디지털 플랫폼에 기반한 노동을 플랫폼 노동이라고 부르죠. 고객이 스마트폰 앱 등 플랫폼을 이용해 서비스를 요청하면 이를 확인한 서비스 제공자가 고객에게 서비스를 제공하는 방식이지요.

플랫폼 노동은 노무 제공자가 사용자에게 종속된 노동자가 아닌 자영업자로 분류됩니다. 노무를 제공하되 자영업자로 분류되는 특수 고용 노동자(특고)와 유사하죠. 그래서 플랫폼 노동에 종사하는 사람들을 '디지털 특고'라고도 부른답니다.

2020년부터는 배달원들도 산재 보험 혜택을 받게 됐지만, 그전까지는 배달하다 다쳐도 가게가 책임질 일은 전혀 없었습니다. 배달 대행업체에 다른 배달원을 보내 달라고 요청하면 그만이었죠. 노동자는 있는데 정작 고용주는 없었답니다. 이런 플랫폼 노동에 54만여 명이 종사하는 것으로 추정되죠.

택배 기사, AS 기사, 방과 후 강사, 학습지 교사, 보험 설계사, 대출 모집인, 신용 카드 모집인, 대리운전 기사, 화물차 기사, 레미콘 기사, 퀵서비스 배달원, 골프 경기 보조원 등. 이들 특수 고용 노동자는 독립된 사업자로서 회사와 업무 계약을 체결합니다. 그 결과 성과에 따라 대가를 지급받죠. 그들은 법적으로 자영업자 신분이라서 일반적인 노동자들과 달리 노동 3권을 보장받지 못한답니다. 최근 법원에서 노조법상 노동자로 인정하면서 노동 3권을 보장받는 경우들이 생겨나곤 있죠. 그러나 해당 판결은 소송을 제기한 사업장에만 효력이 미친다는 한계가 있답니다.

예전엔 기업이 사람을 고용해서 일을 시켰는데 이제는 고용하지 않고 일을 시키죠. 근대적 노동의 역사에서 지금까지 보지 못한 새로운 노동이 등장한 겁니다. 고용하지 않고도 노동자들이 일을 하는 마법 같은 일이 일반화되고 있습니다. 한마디로 '하청 사회'가 된 것이죠. '고용 없는 노동'이 모든 기업에 널리 퍼져서 당연시되는 사회가 '하청 사회'랍니다. 노동 시장 유연화 등 신자유주의 정책이 기존에 정규직이었던 이들을 개인 사업자로 바꿨습니다. 기업 입장에서 비용을 줄이고 책임을 회피하기 위해서였죠. 이것은 일하는 사람 입장에서는 수입이 줄어드는 반면에 사고나 재해에 대한 책임은 스스로 져야 한다는 뜻입니다.

책임 회피부터 볼까요. 레미콘 기사들은 예전에 레미콘 회사의 정규직 직원이었습니다. 1990년대 이후 레미콘 회사가 자사 소유의 차량을 기사들에게

| 보수를 받고 어떤 일을 완성하기로 약속한 당사자가 일의 전부나 일부를 다시 제3자에게 맡기는 겁니다.

| 정부의 역할 축소(복지 축소), 규제 완화와 세금 감면, 공기업의 민영화. 노동 시장 유연화 등이 신자유주의 정책의 주된 내용입니다. 신자유주의는 서구에서 복지 국가가 위기에 빠진 1970년대 이후 널리 퍼졌습니다. 노동 시장의 유연화는 노동 계약의 법적 규제를 줄여서 사업자가 노동자를 좀 더 쉽게 해고하고 고용할 수 있도록 하는 것이죠.

팔아넘겼고, 이후 기사들은 개인 사업자로 레미콘을 운전하는 처지가 됐죠. 회사 이름과 로고가 박힌 레미콘을 몰지만, 이들은 노동 계약이 아닌 운송 계약, 도급 계약 등을 맺고 일합니다. 당연히 차량 관리 비용 일체와 안전사고에 대한 책임 등은 기사 개인이 모두 떠안죠. 또한, 레미콘 회사는 언제든 일방적으로 계약을 해지할 수 있습니다.

수입을 살펴보죠. 대형 마트 시식 코너에서 일하는 사람들은 마트에서 고용한 직원이 아닙니다. 예전엔 그들도 마트 직원이었지만 지금은 개인 사업자랍니다. 그래서 통장으로 들어오는 수입은 임금이 아니라 판촉 관리 수수료죠. 대기업에서 조금, 중소 납품 업체에서 조금, 소규모 식품 업체에서 조금, 이런 식으로 5~6개 업체로부터 십만 원에서 수십만 원씩 판촉 관리 수수료를 받습니다. 노동자는 있는데 정작 노동자를 고용한 사용자가 없는 이상한 상황이 점점 더 정상이 되어 갑니다. '사용자'가 사라진 노동자 사회(분명 노동자로 일하지만 법적으로 노동자로 인정받지 못하는 사람들이 넘치는 사회)가 아닐 수 없죠.

다시 말하지만, 이들이 처음부터 독립 사업자였던 건 아닙니다. 애초에는 해당 회사에 고용된 직원들이었습니다. 그러다 회사가 억지로 권해 독립 사업자 등록을 한 경우가 적지 않습니다. 또, 독립 사업자라면 회사의 업무 지휘를 받지 않아야 할 텐데, 실제로는 회사에 종속돼 일하고 있죠. 이런 점을 보더라도 이들은 사실상 노동자에 가깝습니다. 영국과 미국의 법원에서 우버 기사를 우버에 소속된 노동자로 판결한 것도 그 때문이죠.

한국에서 노동자는 법적으로 노동자로 인정받느냐 못 받느냐에 따라 '전부 아니면 전무(All or Nothing)'의 신세가 됩니다. 다행히 최근 우리 법원도 특수고용 노농자늘의 노동 3권을 인정하는 판결들을 속속 내놓고 있습니다. 백배 기사, 학습지 교사, 보험 설계사뿐만 아니라 2020년 7월 1일부터는 방문 판매

| 우버는 차량 공유 서비스 업체입니다. 영업용 택시는 물론이고 일반 차량도 택시 등록이 가능하죠. 그러니까 차량을 소유한 사람이라면 누구나 서비스를 제공할 수 있습니다. 2017년 한 해만, 600개 도시에서 40억 회 이상 우버 서비스를 이용했죠.

원, 방문 교사, 대여 제품 방문 점검원, 가전제품 설치 기사, 화물차주 등 5개 직종 특수 고용 노동자도 산재 보험(일하는 중에 발생하는 부상·질병·사망 등의 재해를 보상하기 위한 보험 제도) 적용을 받을 수 있게 되었습니다.

2장

노동의 뿌리

노동 3권의 쟁취
헌법이 노동자의 권리를 보장한다고?

게임을 좋아하는 친구들은 밥도 먹지 않고 몇 시간씩 게임한 적이 있을 거예요. 그렇게 좋아하는 게임도 매일 16시간씩 하기는 어려울 겁니다. 그런데 게임 말고 중노동을 16시간씩 하라고 한다면 어떻겠어요? 하루 평균 16시간, 때때로 16시간을 쉬지도 않고 계속 일한다면 어떨까요? 1864년 영국의 아동 노동 위원회 조사 보고서에 따르면 12세 소년들이 새벽 2시까지 일한 후에 3시간 공장에서 쪽잠을 자고 새벽 5시부터 일했다고 합니다. 이런 내용은 칼 마르크스의 《자본론》(1867) 1권에 자세히 소개돼 있습니다.

이런 열악한 노동 조건 속에서는 누구도 오래 버티기 힘듭니다. 고된 노동이 계속되다 보면 사람은 죽음에 이를 수 있죠. 고된 노동 끝에 갑자기 죽는 걸 과로사라고 합니다. 과로사만 문제가 됐던 건 아닙니다. 고된 노동으로 몸이 쇠약해져 병에 걸려 죽기도 하고, 주의력이 떨어져 사고로 죽기도 했죠. 또 공장이 밀집한 지역의 오염된 식수나 공기 때문에 죽기도 했답니다. 그래서 19세기 유럽인의 평균 수명은 35세에 불과했습니다. 리버풀 같은 산업 도시 노동자들의 평균 수명은 그보다 더 짧았답니다.

앞서 봤듯이 열악한 노동 조건은 성인 노동자들만의 문제가 아니었습니다. 고아 소년이 런던에서 겪는 역경과 모험을 그린,

찰스 디킨스의 《올리버 트위스트》(1838)라는 소설이 있습니다. 소설에는 19세기 영국의 어린이들이 구빈원(빈민 구호 시설)에서 학대당하는 장면이 나오죠. 구빈원에서 빈민들은 매일 12시간 이상 일해야 했습니다. 어린이들의 처지도 비슷했답니다.

산업 혁명 초기에 아동 노동은 지극히 당연한 현실이었습니다. 기계가 도입되면서 농업처럼 많은 근력(筋力)을 요구하지 않게 되자 공장주들은 성인 남자보다 임금이 싸고 다루기 편한 어린이 노동자를 선호했답니다. 7살 어린이들이 새벽 5시부터 저녁 7시까지 12~16시간씩 공장이나 탄광에서 일하는 경우도 비일비재했습니다. 공장에서 하루 종일 기계 앞에 서서 일하다 보니 10살이 넘어가면 무릎이 휘거나 발목에 이상이 왔습니다. 가혹한 노동 탓에 공장 노동자들의 평균 수명은 25살 전후밖

ⓒ미국 의회 도서관

방직 공장에서 일하는 소녀의 모습(1908)

에 되지 않았습니다.

백설공주 이야기에 등장하는 일곱 난쟁이의 직업이 뭘까요? 탄광 광부랍니다. 백설공주 이야기는 독일 민담인데, 독일은 옛날부터 광업 선진국이었습니다. 그런데 일곱 광부는 왜 하필 난쟁이였을까요? 탄광에서 일하던 어린이를 난쟁이에 빗댄 것으로 보기도 한답니다. 백설공주 이야기가 실린 《그림 동화집》이 나온 게 1812년이니까, 시기적으로도 산업 혁명기와 얼추 맞아떨어지는 얘기입니다.

프리드리히 엥겔스의 《영국 노동계급의 상황》(1845)은 당시의 실상을 적나라하게 보여 줍니다. 10살 넘은 아이들이 탄광 갱도에서 석탄을 실어 옮기는 수레를 끌었습니다. 심지어 6살 미만의 어린이조차 탄광에서 일했다는 기록도 있답니다. 탄광에서 어린이 노동이 성행한 이유는 어린이의 몸집이 작아서 갱도를 좁게 파도 됐기 때문이죠. 사업주 입장에서는 그만큼 돈과 시간을 아낄 수 있었답니다.

탄광촌의 임대 주택에서 세 가족이 방 한 칸에서 생활했다는 기록도 있습니다. 세 사람이 아니라, 부모와 자녀로 구성된 세 가구나 말이죠. 12~16시간씩 일하는 시간을 제외하면 어차피 집에서 보내는 시간이 8시간 정도밖에 되지 않았기 때문에 가능했던 일이랍니다. 집은 거의 잠만 자는 곳이었죠.

단순히 노동 조건과 노동 환경이 열악한 문제가 아니었답니다. 노동에 대한 지배는 노동하는 인격에 대한 지배로 전락하기 쉬웠습니다. 공장 감독자나 공장주들이 어린이들을 매질하고 학대하는 경우도 다반사였습니다. "우리는 매일 검은 빵 한

덩이로 하루 끼니를 때워야 했다. 단 한 번도 배불리 먹은 적이 없었다. 일하면서 갖가지로 들볶이고 매질을 당하고, 견디지 못해 도망치다 붙잡히면 쇠사슬에 묶여 채찍질을 당했다." 19세기 초 영국 공장에서 일했던 로버트 블링크라는 어린이가 남긴 글이랍니다.

오늘날은 어떨까요? 사장이 여자 직원을 성희롱하거나 성추행하는 것, 직원을 마치 하인 부리듯이 대하는 것, 가령 업무와 무관한 잔심부름을 시킨다든지 사장 집안 행사에 동원한다든지, 이런 행태는 모두 노사(勞使) 관계를 오해한 결과랍니다. 노사 관계, 즉 노동자와 사용자의 관계는 어디까지나 계약 관계랍니다. 다시 말해, 노동자와 사용자의 계약은 노동을 두고 맺은 계약이죠. 여기서 노동은 말 그대로 약속된 업무를 뜻하지 사용자가 시키는 모든 일이 아닙니다. 사용자가 시키는 모

든 일을 하는 관계는 노사 관계가 아니라 노예 관계죠.

물론 사람을 로봇처럼 분해할 수 없으니 노동력과 인격을 칼로 무 자르듯 구분하긴 어렵습니다. 그러나 노동자가 자신의 인격이 아니라 노동력을 판 것은 분명합니다. 사용자가 노동자에게서 산 것은 노동력이죠. 따라서 일하는 동안 노동자의 인격을 침해해선 안 됩니다. 또, 업무 시간이 끝난 후에는 노동자의 사생활에 간섭해서도 안 되죠. 노동 계약은 노동 시간을 파는 계약이기도 하니까요. 그러니 이렇게 말할 수 있어야 합니다. "당신은 나의 노동력을 근무 시간만큼 샀다. 근무 시간이 끝나면 나의 노동력은 당신 게 아니다."

하지만 현실에서 노동력과 인격의 경계는 쉽사리 허물어지곤 하죠. 예를 들어 보죠. 자본은 노동자의 시간을 지배합니다. 이때 자본이 지배하는 것은 '노동하는 시간'뿐만이 아닙니다. 자본은 '노동하지 않는 시간'까지 지배하죠. 근무 시간이 끝났는데 지시하고 감독하죠. 어떻게 그럴 수 있을까요? 스마트폰과 같은 정보 통신 기기들을 통해서죠. 노동자가 일터를 벗어나도 카톡이나 문자 등으로 끊임없이 업무를 지시하고 확인합니다. 이렇게 노동과 생활, 노동력과 인격의 경계는 쉬이 뭉그러지죠. 특히 노동자가 취약한 상태에 있을 때는 더욱 그렇죠.

자본주의 초기에도 상황이 비슷했답니다. 자본주의 초기에 엄청난 노동 시간을 견뎌야 했던 것도 노동자들이 취약한 상태에 있어서였죠. 그들이 장시간 일한 이유는 일자리는 적은 반면에 일을 구하는 사람들은 많았기 때문입니다. 일할 사람은 넘쳐 나는데 일자리는 적다 보니 '만인에 대한 만인의 경쟁'이 벌어졌고 그러자 '노동자가 자신을 지킬 수 있는 권리(노동권)'가 필요해졌지요.

자본가와 노동자의 관계에서 노동자는 약자일 수밖에 없습니다. 노동자가 가진 거라곤 자기 몸뚱이밖에 없으니까요. 결국 노동 시장에 나가 노동력을 팔아 살아갈 수밖에 없죠. 그런데 일자리는 제한돼 있습니다. 그러다 보니 노동자들은 노동력이라는 상품을 경쟁적으로 팔게 되고, 결국에는 자신의 노동력을 헐값에 팔다가 겨우 먹고사는 수준까지 전락하게 됩니다. 이렇게 제 살을 깎아먹는 경쟁을 '바닥을 향한 경주'라고 부른답니다. 일자리를 놓고 경주하듯이 임금을 낮추다가 자기 발밑에 스스로 무덤을 파는 꼴이죠.

이렇게 노동자들이 제 살을 깎아먹는 경쟁을 하지 않기 위해 공동으로 조직한 것이 노동조합이랍니다. 1872년 영국에서 세계 최초로 '노동조합법'이 제정됐습니다. 노동조합 활동이 합법화되고 국가의 보호를 받게 됐던 거죠(노동조합이 필요한 더 구체적인 이유는 다음 장에서 자세히 다루겠습니다). 노동자 개인은 회사를 상대로 부당 행위에 항의하거나 무언가를 요구하기 힘듭니다. 회사가 항의에 대한 보복으로 노동자를 괴롭히거나 해고할 수 있으니까요. 그래서 노동자들은 단체를 만들어 힘을 모으죠. '단결'하는 겁니다. 그게 노동조합이랍니다.

1886년의 시카고 노동자들의 궐기는 전 세계 노동자들의 저항으로 번져 나갔죠. 그렇게 해서 1900년대 초반에 노동자를 중심으로 한 정당들이 만들어지기 시작했습니다. 영국의 노동당, 독일의 사민당, 프랑스의 사회당 등입니다. 이러한 정치적 성장이 마침내 노동권과 노동 3권을 헌법적 권리로 쟁취하게 만들었답니다. 노동 3권은 단결권, 단체 교섭권, 단체 행동권을 가리킵니다. 노동 3권은 노동자들이 기나긴 투쟁을 통해 획득한 권리이지요. 노동자들은 인간답게 살아가는 데 필요한 적정 임금과 고용 보장을 위해, 또 노동 조건 개선을 위해 자본과 싸웠습니다.

대한민국의 헌법 제33조 1항이 뭔지 아나요? "근로자는 근로 조건의 향상을 위하여 자주적인 단결권·단체 교섭권 및 단체 행동권을 가진다"라고 우리 헌법에서도 노동 3권을 분명히 선언하고 있죠. 헌법이 보장하는 노동 3권을 더 자세히 살펴보죠. 노동자는 자신의 이익을 위해 조직을 만들 수 있습니다. 가장 대표적인 조직이 노동조합이죠('단결권'). 노동자가 만든 노동조합은 노동 조건을 유지하고 개선하기 위해 회사 측과 교섭할 수 있습니다('단체 교섭권'). 교섭이 결렬되면, 즉 요구가 받아들여지지 않으면 노동을 중단하는 파업을 할 수 있습니다('단체 행동권').

헌법은 최상위법입니다. 쉽게 말해, 모든 법의 으뜸이자 뿌리라고 보면 됩니다. 법률은 헌법에서 뻗어 나오거든요. 따라서 어떤 법률이 헌법에 어긋난다고 판단되면 위헌 심판을 통해 그 법률을 없앨 수도 있습니다. 헌법이 그만큼 중요하고 강력한 것이지요. 노동자, 노조, 파업, 노동 운동… 왠지 모르게 과격하고 폭력적이고 부정적인 느낌이 들지만, 많은 사람들이 느끼는 감정과 상관없이 헌법에서는 노조 설립, 파업 등이 노동자의 권리라고 분명히 못 박고 있답니다.

시민에게는 자유와 평등의 권리가 있습니다. 그에 따라 언론·출판의 자유, 집회·결사의 자유, 학문·예술의 자유를 가지죠. 이런 권리는 천부 인권으로서 인간이 태어나면서부터 가지고 있는 권리로 봅니다. 노동자의 천부

인권이라는 노동 3권은 서로가 서로를 보완하는 관계에 있습니다. 삼각대의 세 발처럼 하나가 빠지면 나머지도 제대로 설 수 없죠. 단결권이 없으면 단체 교섭과 단체 행동이 불가능합니다. 또한 단체 교섭권이 빠진 단체 행동은 노동 조건을 바꿀 수 없어 공허하고, 단체 행동권이 빠진 단체 교섭은 실질적인 힘이 없어 무능하답니다.

헌법은 노동자에게 노동 3권을 보장합니다. 따라서 공무원이나 교사가 노동조합을 결성하는 것도 전혀 문제될 게 없죠. 공무원이나 교사도 임금을 받고 일하는 노동자니까요. 임금을 주는 주체가 기업이 아닌 정부라고 해서 임금을 받는 이들이 노동자가 아니라고 할 수는 없습니다. 그런데 공무원, 선생님, 경찰, 소방관 등은 노동 3권을 제한받고 있답니다. 한국에서는 공무

| 사실 모든 노동자가 보장받는 건 아닙니다. 노동 3권의 사각지대에 놓인 이들이 있죠. 학습지 교사, 방과 후 강사, 보험 모집인, 대리운전 기사, 화물차 기사 등. 수없이 다양한 직종의 노동자들이 노동 3권을 인정받지 못하고 있습니다. 앞서 살펴본 노동자인 듯 노동자 아닌 이들이죠. 이들은 법적으로 노동자가 아니기 때문에 노동 3권을 보장받지 못합니다. 공무원, 선생님 등은 노동자로 인정되지만 법으로 노동 3권을 제한하고 있죠.

원 노조를 설립하는 과정에서 공무원 3,000명이 징계를 당했고, 그중 550명이 파면이나 해임됐습니다.

선진국에는 공무원 노동조합, 교원 노동조합은 물론이고 경찰 노동조합, 소방관 노동조합도 있습니다. 프랑스에는 판사 노동조합도 있죠. 당연히 판사도 파업을 할 수 있습니다. 2011년 2월에 프랑스의 193개 법원 가운데 170여 곳이 대규모 파업을 벌인 적이 있죠. 소방관들도 마찬가지랍니다. 벨기에 소방관들은 거리에서 시위를 벌이면서 시위를 막는 경찰을 향해 물대포를 쏘기도 했답니다. 흔히 물대포는 시위를 진압하는 경찰이 시위대를 향해 사용하는데, 이와는 정반대로 소방 호스가 소방관들의 시위 도구로 쓰였던 거지요.

2016년 12월 OECD 노동조합 자문 위원회(TUAC)가 '노동 기본권과 OECD 회원 자격-한국'을 안건으로 올려 결의안을 채택했습니다. TUAC는 공무원 노조와 전국 교직원 노조가 정

거리에서 시위하는 프랑스 소방관들

부의 간섭과 방해 없이 노조 활동을 할 수 있도록 요구했죠. 2009년 11월에도 TUAC는 한국 정부의 노동 탄압과 관련된 특별 결의안을 만장일치로 채택한 적이 있었답니다. 정부조차 대놓고 노조 활동을 방해하는 마당에 기업이 노조를 존중할까요? 노조를 인정하고 존중하지 않는 건 노동자를 인정하고 존중하지 않는 것과 같습니다. 이런 상황은 여전히 그대로입니다.

2018년 12월 유럽 연합이 한국의 노동권 조항을 문제 삼으며 공식 협상을 요청했습니다. 한국은 1991년 국제 노동 기구(ILO)에 가입하면서 노동자가 자유롭게 노조를 만들고 가입할 수 있는 권리 등 핵심 협약 4개를 비준하지 않았거든요. 유럽 연합은 2011년 한국과 자유 무역 협정을 체결하면서 비준 이행을 약속받았죠. 그런데 한국은 9년이 지나도 약속을 지키지 않았답니다. 유럽 연합이 남의 나라 노동 문제에 관심을 두는 이유가 뭘까요? "자유 무역 협정이 재화와 서비스의 교역뿐만 아니라 가치와 기준을 공유하는 것"이라고 여기기 때문이죠. 다시 말해, 그들에게 노동자의 권리 보호는 매우 중요한 가치이자 민주 사회의 기준인 셈이죠.

헌법 제33조 2항은 "공무원인 근로자는 법률이 정하는 자에 한하여 단결권·단체 교섭권 및 단체 행동권을 가진다"라고 규정함으로써 노동 3권을 제한할 여지를 두고 있죠. 즉 법률이 정하는 일부 공무원에게만 노동 3권을 보장하겠다는 겁니다. 여기에는 단순 노무에 종사하는 공무원, 6급 이하 공무원이 속한답니다. 앞에서 공무원도 노동자라는 대전제를 설명했죠? 2018년 문재인 정부가 헌법 개정안을 발표하면서 공무원의 노동 3권 보장을 분명히 한 이유가 여기에 있습니다.

　포드 자동차를 설립한 헨리 포드는 1926년 회사에 '6일치 임금을 지불하는 주 5일 근무'를 도입했습니다. 다시 말해, 오늘날처럼 주 5일 40시간을 일하고 임금은 6일치를 줬죠. 당시 사람들은 포드의 결정이 너무 이상적이라고 비아냥거렸습니다. 놀랍게도 20년 뒤에 거의 모든 서방 국가들이 주 5일 근무를 채택했답니다. 20년 전의 허황된 생각이 세상을 바꾼 셈이지요 (물론 여기에는 노동자들의 기나긴 투쟁도 있었죠). 아무도 상상하지 못한 걸 상상하는 데서 세상은 조금씩 진보한답니다.

노조는 빨갱이 아니냐고?

〈슈렉 2〉(2004)에 나오는 대사입니다. 슈렉 일행이 마녀가 사는 성에 들어가려 하자 성문을 지키는 마녀 비서가 주인공들을 막아서죠. 그러자 슈렉은 마법사 노조에서 나왔다고 말합니다. 비서가 이내 자기의 근무 조건을 하소연하면서 들여보내 주는 장면이죠. 노동조합이 뭐기에 깐깐했던 비서가 출입을 허락했던 걸까요?

노동조합이 최초로 등장한 곳은 근대 자본주의 경제가 가장 먼저 발전한 영국입니다. 자본주의 초기에 영국 노동자들은 열악한 노동 조건 속에서 일해야 했습니다. 살인적인 노동 시간, 극단적인 저임금, 끔찍한 아동 노동 등이 만연했죠. 노동자들은 보다 나은 노동 조건과 생활 조건을 쟁취하기 위해 단결했습니다. 이것이 노동조합의 기원이죠.

초기의 노동조합은 많은 탄압을 받았답니다. 예를 들어 18세기 말 영국에서는 아예 '단결 금지법'이란 게 있었죠. '단결 금지법'은 크게 세 가지를 금지했습니다. 첫째 조합을 결성하거나 가입하는 것, 둘째 사용자에게 임금이나 노동 조건을 향상시키기 위해 작업을 이탈하는 것(파업), 셋째 앞의 이유를 위해 작업을 그만두도록 다른 작업자를 설득하거나 그런 목적을 위해 어떤 회합에 참석하도록 설득하는 것. 단결 금지법에 따라 노동자 2명이 술집에서 모이는 것조차 금지됐던 시대죠. 영국에서 노동조합이 합법적으로 인정된 것은 1824년 무렵부터입니다.

우리에게도 비슷한 역사가 있습니다. 20여 년 전인 1989년 전국 교직원 노동조합(이하 '전교조')이 처음 만들어졌답니다. 그 과정에서 2,000명의 교사가 해직을 당했지요. 노동조합을 설립했다고 교사를 2,000명이나 자르는 나라는 한국밖에 없을 겁니다. 정부의 탄압도 전교조 설립을 막지 못했습니다. 전교조 소속 교사들의 투쟁 덕분에 전교조는 합법화의 길을 걷게 됐지요 (다만 박근혜 정부에서는 전교조를 법외 노조로 보고 노조법상 노조 지위를 인정할 수 없다는 통보를 한 적이 있습니다). 여기에는 선진국의 영향도 한몫했답니다.

한국은 1996년에 OECD(경제 협력 개발 기구)에 가입했습니다. 그런데 당시 OECD에 가입한 28개 회원국은 모두 교원 노조를 법으로 인정하고 있었죠. 교원 노조를 불법으로 몰아 탄압한 나라는 한국이 유일했습니다. 이것이 바로 정부가 교원 노조 합법화 논의에 본격적으로 참여하게 된 계기였답니다. 사람들은 경제만 발전하면 선진국이 된다고 생각하죠. 하지만 선진국은 경제는 물론이고 시민의 자유와 권리가 신장한 나라랍니다.

신분상의 특수성(정치적 중립 의무라든지) 때문에 교원 노조나 공무원 노조가 탄압받은 거 아니냐고요? 노동조합을 만드는 게 정치적 중립과 무슨 상관인가요? 자기 권리와 이익을 지키려고 단체를 만들면 특정 정파나 정치 세력을 편들게 되나요? 더 나아가 교육의 정치적 중립은 국가 권력이 교육에 부당하게 개입하는 것을 막기 위한 것이지 교사나 학생에게 일체의 정치적 표현이나 활동을 금지하기 위한 것이 아닙니다. 교사가 노동조합을 만드는 일은 전혀 이상하지 않습니다. 다른 나라들에서는 아주아주 평범한 일이랍니다. 핀란드의 교원 노조 가입률은 98%에 이릅니다. 다른 선진국에 비해 노조 가입률이 떨어지는 미국조차 교원 노조만큼은 90%를 넘습니다.

노동조합의 설립은 시민의 기본적 권리에 속합니다. 헌법 33

| 앞으로 OECD를 비교 대상으로 자주 언급할 예정입니다. OECD에는 세계에서 '이름값' 좀 한다는 국가들이 전부 모여 있습니다. 쉽게 말해, 잘사는 나라들의 모임이죠. 무조건 잘사는 나라를 기준으로 삼아야 하는 건 아니지만 민주주의의 역사도 오래됐고 사회 복지도 잘되어 있다는 점에서 그들은 좋은 기준점이 됩니다.

조가 노동 3권(단결권, 단체 교섭권, 단체 행동권)을 보장하는 이유입니다. 기업과 공장에서 일하는 사람만이 노동자인 건 아닙니다. 임금을 받고 일하는 모두가 노동자이지요. 세계 인권 선언 23조가 "모든 사람은 자신의 이익을 보호하기 위해 노동조합을 만들고 노동조합에 가입할 권리를 가진다"라고 규정하는 이유도 여기에 있지요. 거듭 말하지만, 다른 나라에는 경찰 노동조합, 소방관 노동조합, 판사 노동조합까지 있습니다. 심지어 독일에는 군인 노동조합까지 있죠.

선진국들의 사정을 잘 모르거나 모르는 척하는 사람들이 있습니다. 또한 알더라도 우리와 선진국은 처한 상황이 다르다고 고집을 부리기도 합니다. 모른다면 알아 가면 되지만, 알면서도 모른 척하거나 다른 핑계를 대며 떼쓰는 건 궁색해 보입니다. 왜냐하면 헌법이 노동자의 권리를 분명히 보장하고 있으니까요. 그들은 색안경을 끼고 노조를 보곤 합니다. 노조라고 하면 무조건 강성(强性), '귀족 노조'라고 낙인찍죠. 강성은 전투적이고 과격하다는 뜻이랍니다. 심지어 빨갱이라고 비난하기도 합니다. 2017년 대통령 선거 토론에서 한 후보는 이렇게 말했습니다.

"파업을 해도 꼬박꼬박 월급 받는 연봉 1억 원의 강성 귀족 노조가

| 어떤 대상을 어떻게 부르느냐에 따라 그 대상에 대한 평가나 이미지가 판이하게 달라집니다. 이를 '프레이밍 효과(framing effect)'라고 부르죠. 보수 정부가 막을 내리고 문재인 정부가 들어서자 이전 정권들의 잘못이 밝혀지고 관련자들이 처벌받는 일이 벌어졌습니다. 이를 두고 한쪽에서는 '적폐 청산'으로, 반대쪽에서는 '정치 보복'으로 불렀죠.

협력 업체, 하청 업체 근로자들의 삶을 절벽으로 내몰고 있다. 노조 때문에 우리 기업들은 다 외국으로 떠나고 청년들은 일자리 절벽에 고통받고 있다."

먼저, 연봉 1억 원을 받으면 귀족인가요? 혹시 대한민국의 1인당 GDP가 얼마인 줄 아나요? 2018년 기준으로 3만 3,346달러랍니다. 대략 3,900만 원이죠. 한국인 1명이 그 정도의 수입을 올린다는 뜻입니다. 그런데 이건 어디까지나 1인당입니다. 성인 1인이 아니라 모든 국민을 합쳐서 나눈 값이죠. 만약 여러분 가족이 3인 가족이라면 3,900만 원×3명을 하면 됩니다. 1억 1,700만 원이 되죠. 이래도 연봉 1억 원을 받는 노동자가 귀족이라고 할 수 있을까요? 1인당 GDP로 따져 보면 그 정도는 3인 가족의 평균 연봉에 불과하답니다.

귀족 노조는 아주 고약한 작명입니다. 임금이 높더라도 노동자가 귀족일 수 없죠. 봉건 시대 먹이 사슬의 꼭대기에 있었던 귀족과 근대 이후 최하층을 이루었던 노동자가 어떻게 동격일 수 있을까요? 귀족 노조는 없습니다.

| 1억 1,700만 원은 우리 현실과 너무 다르다고요? 그렇습니다. 1인당 GDP가 아무렇게나 집계된 지표가 아니라 실제 경제 여건을 반영한 지표라면 그런 격차는 왜 생길까요? 수치와 현실은 왜 다른 걸까요? 이에 대해서는 3장 '열심히 일해도 가난한 이유가 뭘까?'에서 자세히 살펴보도록 하겠습니다.

| 귀족 노조라는 표현은 형용 모순입니다. 나중에 국어 시간에 '형용 모순'에 대해서 배울 텐데요. 형용 모순은 '둥근 사각형', '착한 이기주의자'처럼 수식어와 피수식어가 모순되는 관계를 뜻합니다.

더 나아가 '철 밥통'을 찬 귀족 노동자도 없습니다. 안정된 고용을 보장받는 대기업 노동자들은 '철 밥통'이라는 비난을 듣기도 하죠. 2018년 7월 20일자 중앙일보 사설(《가라앉는 경제지표, 차갑게 식는 국정 지지율》)은 "한국 노동 시장은 나빠진 청년 일자리와 대기업 귀족 노조의 철 밥통 일자리라는 양극화에 짓눌려 있다"고 지적합니다. 노동자가 고용을 보장받는 것은 당연한 권리이지 '철 밥통'으로 비난받을 일이 아니죠. 진짜 철 밥통은 따로 있습니다. 대기업에 오직 핏줄 하나로 들어와 높은 자리를 차지한 이들이죠. 이들의 자리는 철 밥통이 아니라 초합금 밥통이죠. 회사가 망하지 않는 한 절대 깨질 일이 없으니까요. 비판을 하려면 이들을 비판해야 하지 않을까요?

다음으로 하청 업체, 협력 업체 노동자들이 어려운 것은 원청 업체 노동자들의 임금이 높아서가 아닙니다. 참고로 원청 업체는 일을 맡기는 쪽을, 하청 업체는 일을 받아 하는 쪽을 뜻한답니다. 원청 업체(흔히 대기업)가 하청 업체나 협력 업체를 쥐어짜는 건 원청 업체 노동자들과 아무 상관이 없습니다. 대기업은 우월적 지위를 이용해서 중소기업의 납품 단가를 마구 깎습니다. 대기업이 요구하는 납품 단가를 맞춰 주지 않으면 계약을 하지 않겠다고 협박하면 됩니다. 그런 불공정 계약 탓에 중소기업의 수익이 갈수록 악화되죠. 그 결과는 당연히 직원들의 고용이나 임금에 영향을 미칠 수밖에 없겠죠.

그럼 대기업들은 왜 그렇게 하는 걸까요? 자사 노동자들의 임금이 너무 높아서요? 그렇지 않습니다. 노동자들의 임금을 다 주고도 엄청나게 많은 수익을 남기고 있답니다. 이를 사내 유보금이라고 합니다. 기업이 당기 순이익에서 배당금이나 상여금 등으로 빠져나간 부분을 제외하고 남은 금액입니다. 당기 순이익은 영업 이익에서 손실과 세금 등을 제하고 남은 돈이죠. 그러니까 개인이 쓰고 남은 돈을 저축하듯이 기업이 쓰고 남은 돈을 비축해 놓은 게 사내 유보금이라고 이해하면 됩니다. 5대 재벌의 사내 유보금이 얼마일까요? 2018년 기준, 자그마치 617조 원이랍니다. 30대 재벌로 늘려 잡으면 883조 원이고요. 30대 재벌의 사내 유보금은 28년 동안 44배나 늘었습니다. 1990년에 20조 원 규모였거든요.

강성, 귀족, 종북… 이런 부정적 꼬리표 때문일까요? 한국의 노조 가입률은 매우 낮습니다. 겨우 10% 수준에 불과하죠. 노조 가입률은 1987년 '노동자 대투쟁'을 계기로 노조 결성 분위기가 조성되면서 1989년 19.8%까지 올랐지만, 이후로는 계속 떨어지고 있습니다. 2010년 9.8%를 기록하며 사상 처음 10% 선이 무너졌고 이후에는 그나마 10%대 초반을 유지하고 있답니다. 2016년 한 조사에 따르면 정규직 노조 조직률은 20%이고, 비정규직은 1.8%라고 합니다. 비정규직은 거의 노조가 없다고 보면 되죠. 이것이 우리가 사는 대한민국의 민낯이랍니다.

한 기자가 한국을 방문한 핀란드 보건 복지부 차관에게 이렇게 질문했죠. "핀란드가 정보 통신 산업, 학업 성취도 평가, 사회 안전망, 안정적 경제 성장, 국가 경쟁력 등 여러 가지 분야에서 세계 최고를 기록하고 있는데, 비결이 뭔가요?" 핀란드 차관의 대답은 간단명료했습니다. "높은 노동조합 조직률과 강력한 노동조합 때문입니다. 저도 조합원이랍니다." 참고로 아이슬란드의 노조 가입률은 83%입니다. 그 외 핀란드가 69%, 스웨덴이 67%, 덴마크가 67%입니다. 우리의 노조 가입률과 비교하면 씁쓸할 따름이죠.

노조가 왜 필요할까요? 앞서 잠깐 다루긴 했지만 도대체 우리에게 왜 필요한 걸까요? 1987년 현대중공업에 노조가 처음 생기고 회사에 제일 먼저 요구한 게 뭘까요? 임금 인상이었을까요? 아닙니다. 바로 '두발 자유'였답니다. 당시 현대중공업 정문에는 회사 관계자들이 가위를 들고 장발을 한 노동자들의 머리를 깎았습니다. 다 큰 성인들이 일터에서 당한 일입니다. 신체적 자유가 위협당하는 야만의 시대였죠. 회사가 그런 횡포를 저질러도 노동자 개인은 회사에 항의하지 못했습니다. 그저 당하고만 있어야 했답니다. 혼자서는 회사를 이길 수 없었으니까요.

혼자서는 싸우기 어렵지만, 함께라면 싸울 수 있죠. 노동조합이 꼭 필요한 이유랍니다. "한 사람의 피해는 모두의 피해다." 노조가 추구하는 가치입니다. 노조는 노조원 개인의 피해를 노조원 전체의 피해와 같다고 보죠. 한 동료가 회사로부터 당한 피해를 언젠가 다른 동료들도 당할 수 있으니까요. 그래서 힘을 합쳐 회사에 맞섭니다. 개인이 큰 회사와 맞붙어 싸우는 것은 어렵습니다. 더구나 싸워서 이긴다는 것은 거의 불가능에 가깝고요. 그러나 개인들이 힘을 합치면 큰 힘을 발휘할 수 있답니다.

장수말벌에 쏘이면 꿀벌 500마리에 쏘인 것과 맞먹을 정도로 고통스럽다고 합니다. 잘못하면 목숨을 잃기도 하죠. 꿀벌과

장수말벌이 싸우면 누가 이길까요? 꿀벌이 따로따로 덤비면 장수말벌을 절대 이기지 못합니다. 장수말벌 1마리가 꿀벌 수천 마리도 죽일 수 있으니까요. 꿀 벌보다 몸집이 3배나 큰 장수말벌은 강한 턱과 튼튼한 이빨로 꿀벌을 두 동강 내 버립니다. 하지만 꿀벌들이 힘을 합치면 장수말벌에 맞설 수 있답니다. 스마트폰을 꺼내서 QR 코드를 인식시켜 보세요.

아래 그림은 에드바르트 뭉크의 작품 〈귀가하는 노동자들〉입니다. 퀭한 눈의 노동자들이 일을 마치고 집으로 향합니다. 무

귀가하는 노동자들(Workers on their Way Home), Edvard Munch(1913~1915)

력해 보이기도 하고 가엾어 보이기도 하죠. 낱낱의 노동자는 그렇게 보잘것없습니다. 노동자들이 모래알처럼 흩어져 있을 땐 힘을 쓸 수 없죠. 그런데 낱낱이 아니라 하나의 덩어리로 노동자들을 보면 노동자들이 도도한 물결을 이뤄 몰려오는 느낌이 들죠. 마치 화폭을 뚫고 나올 듯합니다. 그게 바로 노동자들의 힘이 아닐까요? 단단히 뭉치면 노동자들은 큰 힘을 발휘할 수 있습니다.

19세기나 20세기 초반에 착취당하던 노동자는 오늘날 더 이상 찾을 수 없다고 생각하나요? 그래서 노조 같은 것도 필요 없다고 말이죠. 앞에서 어린이 광부 얘기를 했죠? 오늘날은 아동 노동이 전부 사라졌을까요? 기상 이변으로 모든 것이 얼어붙은 미래를 그린 〈설국열차〉(2013)에는 노동 착취를 당하는 5살 이하의 어린이들이 나옵니다. 어린이들은 열차의 엔진칸에서 하루 종일 열차 부품을 갈고 수리하죠. 여전히 사라지지 않은, 현대의 아동 노동을 상징하는 장면입니다.

전 세계 어린이들 10명 중 1명이 학교에 가는 대신 일을 합니다. 5~17세의 어린이 중 11%가 그렇습니다. 또, 그중 절반 이상이 노예와 같은 대우를 받으며 살아가죠. 오늘날 1억 6,000만 명의 아동이 노동 착취를 당하고 있답니다. 아이들은 농업, 광산, 전쟁, 마약 운반 등 동원 가능한 온갖 노동에 투입되고 있습니다. 아동 노동은 어린이가 어린 시절을 어린이답게 보내야 할 시간을 빼앗는 폭력입니다. 그저 가난한 나라들만의 문제일까요? 선진국에 기반을 둔 글로벌 기업들도 이런 문제에서 자유롭지 않답니다.

세계화된 자본주의 체제에서 개도국은 원료 공급지로 전락했습니다. 선진국에 기반을 둔 다국적 기업들과 떼려야 뗄 수 없는 관계죠. 가령 코발트는 4차 산업 혁명의 다이아몬드로 불립니다. 스마트폰과 노트북, 전기차의 배터리를 만드는 핵심 원료로 사용되기 때문이죠. 인권 운동 단체인 국제 사면 위원회가 코발트 채취 현장에서 아동 노동 착취가 의심된다는 보고서를 발표한 적이 있었습니다. 보고서는 마이크로소프트, 애플, 삼성, 르노, 화웨이 등 코발트를 공급받는 글로벌 기업들이 인권 침해와 관련한 주의 의무를 다하지 않는다고 지적했죠.

자본주의는 초콜릿과 같답니다. 누군가는 달콤함을 맛보지만, 달콤함 이면에는 수많은 약자들, 가령 어린이들의 눈물과 한숨이 배어 있죠. 실제로 아프리카의 카카오 농장에서는 어린이들이 일합니다. 정작 그들은 카카오로 만든 초콜릿을 한 번도 먹어 보지 못하죠. 자본은 더 많은 이윤을 위해서라면 물불을 가리지 않습니다. 이것이 자본의 속성이죠. 사회가 견제하지 않으면 자본은 고삐 풀린 소처럼 날뛰기 마련입니다. 기업을 감시하고 견제하는 역할은 기본적으로 정부나 시민 단체(NGO 등)가 맡고 있죠. 한편 기업 내부의 감시자도 필요합니다. 그 역할을 하는 게 바로 노동조합이랍니다.

설사 현대 사회에서 아동 노동이 사라지지 않았다 해도 우리나라에 직접적으로 관련되는 문제가 아니지 않냐고요? 또는, 먹고살 만한데, 무슨 노조냐고요? 여러분 가운데 그렇게 생각하는 사람이 있을지 모르겠군요. 삼성전자처럼 월급 많이 주는 직장은 노동조합을 만들거나 파업을 할 필요가 없을까요? 보수나 대우가 좋다고, 노동조합이 필요 없는 건 아니랍니다. 임금이 높다고 노동자의 권리가 부정될 순 없어요. 또, 급여를 많이 준다고 자본이 인간적인 것도 아닙니다. 자본의 본질은 이윤 추구랍니다. 더 많은 이윤을 얻기 위해 언제든 노동자를 희생시킬 수 있습니다.

한 가지 예를 들어 보죠. 지금까지 삼성전자의 반도체 공장에서 360여 명이 백혈병 등에 걸렸습니다. 그중 118여 명이 사망했고, 나머지는 투병 중이죠. 그런데 삼성전자는 피해 노동자들에게 보상은커녕 사과조차 하지 않았답니다(그러다 11년 만인 2018년 11월 23일 처음으로 공식 사과했습니다). 노동자들이 병에 걸려 죽어 나가는데, 글로벌 '초일류' 기업이라는 삼성은 어떻게 손 놓고 가만히 있었을까요? 삼성에 노동조합이 없었던 것도 그 이유 중 하나일 겁니다. 내부 감시자가 없으니 기업 입장에서는 거칠 게 없었던 거죠.

노동조합은 노동자를 대표해 회사의 노동 착취나 부당 노동 행위를 감시하고 방지합니다. 근로 환경이나 임금 등을 회사와 협상하는 주체도 노조입니다. 산업 재해가 지속적으로 발생했을 때 회사에 근로 여건에 대한 개선을 요구하는 주체도 노조죠. 만약 지속적인 시정 요구가 거부되고 회사와의 협상이 결렬되면, 노조는 최후의 수단으로 파업을 선택합니다. 심성에는 노동자를 위해서 그런 일을 할 노조가 없었답니다.

만연한 산업 재해, 불안한 고용(비정규직), 불합리한 해고, 장시간 노동 시간… 한국 사회는 노동을 둘러싼 문제들이 켜켜이 쌓여 있죠. 억눌린 자가 자기 목소리를 내야 합니다. 목소리를 내서 문제를 문제로서 드러내야 합니다. 문제가 있다고 인식될 때만 문제는 해결될 수 있으니까요. 그게 문제 해결의 시작입니다(해결까지 11년이 걸린 삼성 사태처럼 문제 제기만으로 해결이 보장되는 건 아니지만요). 그런데 혼자서 목소리를 내기는 어렵습니다. 노동조합이 필요한 이유죠. 노동자들도 비바람을 피할 울타리가 필요합니다. 노조가 울타리가 될 수 있습니다.

노조가 자기들 밥그릇만 챙기며 데모만 한다고 욕하는 사람들이 있습니다. 만약 그들이 일터에서 산업 재해로 백혈병에 걸렸는데 회사가 수수방관한다면, 누가 그들을 위해 목소리를 높여 줄까요? 사회 정의를 위해 교회의 적극적인 책임과 참여를 역설했던 신학자 마르틴 니묄러는 이런 시를 남겼습니다.

나치가 공산주의자를 잡아갔을 때
나는 아무 말도 하지 않았다
나는 공산주의자가 아니었으니까
(…)
그들이 노동조합원을 체포했을 때
나는 항의하지 않았다
나는 노동조합원이 아니었으니까
(…)
그들이 나를 잡으러 왔을 때는
나를 위해 항의해 줄
그 누구도 남아 있지 않았다

파업의 합법성
파업 노동자들은 나쁜 사람들일까?

노동자들이 파업을 벌이면 언론은 어김없이 '~을 볼모로'라는 표현을 씁니다. '볼모'는 인질을 뜻하죠. 의료계의 파업에 대해서는 '국민의 건강을 볼모로'라고 비난하고, 버스나 지하철 등 대중교통의 파업에 대해서는 '시민의 발을 볼모로'라고 공격하죠. 또 산업 현장의 파업에 대해서는 '국가 경제를 볼모로'라고 손가락질합니다. 이런 식이라면 모든 파업을 '~을 볼모로'라고 비난할 수 있겠죠. 실제로 그렇게 하고 있습니다.

"불법 파업!" 우리는 파업, 하면 으레 불법을 떠올립니다. 마치 파블로프의 개처럼 말이죠. 앞서 지적했듯이 노조, 하면 '강성 노조', '귀족 노조'를 떠올리는 것과 비슷합니다. 파업은 무조건 불법일까요? 만약 그렇게 생각하지 않는 청소년이 있다면 사회의식이 매우 뛰어나다고 보면 됩니다. 대부분의 파업을 불법으로 볼 게 아니라, 일부 파업은 불법일 수 있지만 대부분의 파업은 합법이라고 보는 게 맞죠. 헌법이 파업할 권리를 보장하고 있으니까요. 노동 조건에 관한 협상이 결렬되면 단체 행동권에 따라 파업할 수 있죠. 이는 분명히 헌법에 명시된 노동자의 권리랍니다.

정부가 불법으로 규정한다고 즉시 불법이 되는 건 아니랍니다. 파업의 불법성은 정부가 아니라 법원이 최종적으로 판단합니다. 즉, 법원이 최종적으로 불법이라고 판결하기 전까지는 잠정적으로 불법이 아니라고 봐야 합니다. 형법상의 무죄 추정의 원칙에 따라 법원의 최종 판결이 나오기 전까지는 유죄로 속단해선 안 됩니다. 헌법 제27조 4항은 "유죄의 판결이 확정될 때까지는 무죄로 추정된다"라고 분명히 못 박고 있죠.

노조라고 해서 자기 맘대로 파업할 수 있는 건 아닙니다. 파업을 하려면 법이 정한 절차와 규정을 따라야 하죠. 법이 어떤 절차를 정해 놓고 있는지 살펴볼까요? 노사가 성실히 협상했음에도 타협점을 찾지 못할 때, '노동 쟁의'가 발생했다고 합니다. 노동 쟁의 상태에 이르렀다고 파업인 건 아닙니다. 노동 쟁의 상태에서 파업을 하려면 조정 절차를 거쳐야 합니다. 일반 사업장은 10일, 버스, 철도나 병원 등의 공익 사업장은 15일 동안 조정 절차를 거치죠. 제3자 또는 정부가 개입해 상호 절충

을 유도하는 과정입니다.

그러나 노사 모두가 동의하지 못한다면 더 이상 해법은 없습니다. 이 절차까지 소용이 없을 때 노동자는 파업(파업을 다른 말로 '쟁의 행위'라고도 부릅니다)에 돌입할 수 있답니다. 이처럼 노동자는 노동 쟁의 조정을 거쳐 파업을 할 수 있습니다. 이때의 파업은 어디까지나 합법적인 파업입니다. 노동조합의 파업 찬반 투표에서 과반수가 찬성하면 합법적인 파업이 가능하죠. 파업이 시작되면 '무노동 무임금' 원칙에 따라 노동자는 임금을 받지 못합니다. 그럼에도 파업을 벌이는 이유는 파업밖에는 달리 방법이 없다는 절박함 때문입니다. 파업은 노동자에게 주어진 최후 수단인 거지요.

이렇게 법에 정해진 절차와 규정을 따랐는데도, 무조건 '불법'을 운운해서는 안 되겠죠. 물론 그렇다고 모든 파업이 법적 정당성을 갖는 건 아닙니다. 노조법은 주체, 목적, 절차와 시기, 수단과 방법 등에 따라 파업을 엄격히 제한·금지하고 있어서 파업이 법률에 조금만 어긋나도 언제든 불법의 꼬리표를 달게 되니까요. 또, 파업이 누가 봐도 '불법'이 되는 경우도 분명 있습니다. 가령 폭력 행위를 동반하는 파업은 불법입니다. 하지만 그때에도 극단적 상황으로 치닫는 사정을 헤아릴 필요가 있습니다.

첫째, 사용자가 폭력을 유도할 수도 있습니다. 노동조합이 수차례 대화와 협상을 요구했는데도 회사가 일방적으로 교섭을 거부하거나, 때로는 정부와 기업이 묵시적으로든 명시적으로든 협력하여 노동조합이 과격·폭력 시위를 저지르도록 유도하기도 하니까요. 가령 파업 현장에 대규모 경찰 병력을 투입해 긴장을 조성하는 식으로 말입니다. 때로는 사용자 측에서 노조를 자극해 폭력을 부추기기도 합니다. 이를 빌미로 노조원들을 탄압하고 노조를 와해하려고 한 거죠. 심지어 사용자 측에서 폭력을 쓰는 경우도 있습니다. 아주 은밀한 방식으로요. 대표적인 사건이 앞서 살펴본, 노동절의 기원이 된 1886년 시카고 총파업이죠.

1886년 5월 1일, 미국의 시카고 노동자들 수만 명이 하루 8시간 노동을 요구하며 총파업에 돌입했습니다. 이틀 후인 5월 3일 21만 명의 노동자가 거리로 몰려나왔답니다. 시위가 확산되자 경찰이 강경 진압에 나섰죠. 그 과정에서 경찰의 발포로 6명이 사망했습니다. 다음 날 경찰의 강경 진압을 규탄하기 위해 수많은 이들이 다시 거리로 나왔고, 이번에는 경찰 7명이 사망하는 사건이 벌어졌습니다. 집회를 주도한 이들이 폭동죄로 체포됐고, 그중 4명이 사형을 당했습니다. 나중에 폭력 사건이 사용자들에 의해 기획됐다는 의혹이 제기됐죠. 왜냐하면 사형당한 4명이 폭력 사태와 직접적인 관련이 없었기 때문입니다.

정부가 직접 나설 때도 있습니다. 2009년 쌍용자동차 노동자들이 평택 공장을 점거하고 농성을 벌이자 경찰이 특공대를 투입해 무력으로 진압한 사건이 있었지요. 대테러작전을 방불케 하듯 마치 노동자들을 테러리스트처럼 다뤘습니다. 공장을 점거했다는 이유로 노동자들을 폭력 진압하는 것은 정당화하기 어렵지요. 어떤 경우에도 노동자들은 테러리스트가 아닙니다. 설마 정부가 시민을 테러리스트로 보았을 리 없다고요? 과연 그럴까요?

2016년 철도 노조와 화물 연대가 파업을 일으켰습니다. 당시 국토교통부는 이를 비판한 언론사 3곳에 5,000만 원을 지급했죠. 예산을 사용한 명목은 '철도 기획 홍보'와 '화물 운송 시장 발전 방안 기획 홍보'였습니다. 말이 '홍보'였지 실제 기사는 노조의 파업을 비판하는 내용으로 채워졌죠. 당시 한 언론사가 뽑은 기사 제목은 "'국민 안전' 볼모 삼은 철도 파업… 화물 운송 '혈류'도 막혀"였답니다. 여기서도 앞서 언급한 '볼모'가 등장하죠. 이것이 파업과 파업에 동참한 노조를 바라보는 정부의 인식입니다. 파업을 무조건 나쁘게만 보기 때문에 파업에 참여한 노동자들까지 테러리스트로 볼 수 있는 거죠.

둘째, 노동자가 처한 불리한 상황입니다. 사용자와 노동자 가운데 누가 강자일까요? 노동자들이 가끔 파업 현장이나 집회 현장에서 폭력적인 모습을 보인다고 해서 그들이 강자인 건 아닙니다. 오히려 약자이기 때문에 더 강하고 세차게 저항하는 측면이 있죠. 설사 다소 강한 저항이 있다 해도 파업이 늘 폭력적인 것도 아니랍니다. 노동자들은 대화로 문제를 해결하려고 최대한 노력합니다. 폭력이 목적은 아니란 거죠. 처음부터 싸움꾼인 사람은 없습니다. 열악하고 억울한 상황이 노동자를 투사로 만듭니다.

한국의 노조가 왜 강성이 될 수밖에 없을까요? 사용자를 설득할 다른 방법이 전혀 없기 때문입니다. 전쟁이든 협상이든 퇴로가 막히면 결국 극단으로 치닫게 됩니다. 궁서설묘(窮鼠囓猫)라는 사자성어가 있죠. 쥐도 궁지에 몰리면 고양이를 문다는 말입니다. 영어에도 "곤경에 빠진 고양이는 사자처럼 사나워진 다(A baited cat may grow as fierce as a lion)"라는 비슷한 속담이 있답니다. 대화의 길이 끊기면 물리력을 동원하기 마련입니다. 기업의 의사 결정 과정에 자신들의 의사를 반영할 합법적 방법이 있다면 과격한 파업을 벌이지 않아도 되겠죠.

독일 노조는 경영 참여를 법적으로 보장받습니다. 독일에는 노사 공동 결정 제도가 있거든요. 이 제도는 말 그대로 기업에서 중요한 의사 결정을 할 때 이해 당사자들이 공동으로 결정하는 제도랍니다. 여기에는 주주는 물론이고 노동자와 기업에 돈을 빌려준 은행 등이 참여하죠. 독일 노동자들은 회의실에 품위 있게 앉아 결정권을 행사합니다. 우리처럼 위험천만하게 철탑이나 굴뚝 위로 올라가 목숨 걸고 싸우지 않아도 되죠. 독일의 공동 결정 제도는 1920년부터 시작됐는데, 바이마르 헌법 165조에 '공동 결정 권리'라는 이름으로 명시되기도 했답니다.

공동 결정 제도는 두 종류의 기구로 구성되죠. 하나는 노동자 평의회이고 다른 하나는 감독 이사회입니다. 노동자 평의회는 노동자들의 복지, 사고 예방, 근무 규정 등 주로 작업장이나 사업장 내에서의 현안을 다루는 기구죠. 감독 이사회는 기업 전체의 운영에 관한 사항을 공동으로 심의하고 결정합니다. 감독 이사회에는 주주 총회에서 뽑힌 주주 대표와 노동조합 등에서 추천한 노동자 대표가 절반씩 참여합니다. 감독 이사회는 주식회사로 치면 이사회와 같습니다. 감독 이사회가 기업을 실질적으로 경영하는 집행 이사회의 이사들, 즉 회사 경영진들을 임명하고 감독하거든요. 또한 투자 계획 등 기업의 주요 사항을 결정합니다.

법적으로 종업원 2,000명 이상이면 감독 이사회를 두도록 합니다. 어느 정도 규모가 되는 기업에는 다 있다는 얘기죠. 노동자의 입김 때문에 기업 경영이 어려울까요? 독일 경제는 아주 튼튼하죠. 그 바탕에 세계적인 제조업 강자들이 있습니다. 독일에는 각 분야별로 점유율 세계 3위 안에 드는 강소(強小) 기업(작지만 강한 기업)들이 1,300개나 있습니다. 한국은 그런 강소 기업이 고작 23개뿐이죠. 명실공히 독일은 제조업 강국입니다. 제조업 경쟁력의 원천은 다름 아닌 노사 화합이죠. 독일을 대표하는 폭스바겐, BMW, 다임러(벤츠 회사), 지멘스(전기전자 기업), 바이엘(제약 회사), 보쉬(자동차 부품 업체) 등이 모두 노동자의 경영 참여를 보장하고 있습니다.

이에 반해 우리나라에서 단체 행동의 자유는 극도로 제한하고 있습니다. 가령 파업에 나선 노동자들에게 손해 배상(이하 '손배')과 가압류를 가하는 경우가 많죠. 쉽게 말해 파업에 따른 기업의 피해를 물어내라는 겁니다. 2003년 한진중공업의 한 노동자가 129일의 크레인 농성을 벌이다 목을 매고 자살하는 사건이 있었습니다. 다음은 그가 남긴 유서의 일부랍니다. "우리들에게 손해 배상 가압류에 고소 고발로 구속에 해고까지, 노동조합을 식물 노조로 노동자를 식물인간으로 만들려는 노무 정책을 이 투쟁을 통해서 바꿔 내지 못하면 우리 모두는 벼랑 아래로 떨어지고 말 것이다."

그 뒤로 15년이 흘렀지만 노동자들의 현실은 바뀐 게 없답니다. 수십억 원, 수백억 원을 물리는 손배·가압류는 여전히 노동자들의 숨통을 조이고 있죠. 그래서 진짜 싸움은 파업이 시작하면서가 아니라 파업이 끝나고 시작된다고 말한답니다. 노동자가 선택할 수 있는 최후 수단인 파업은 기업에 손실을 줄 수 있죠. 아니, 손실을 미칠 의도로 벌이는 게 파업입니다. 손배·가압류는 기업이 이 손실을 노동자에게 청구하는 거죠. 노동자들에게 평생 모아도 갚지 못할 빚더미를 안기는 겁니다. 손배·가압류는 노조 활동을 무력화함으로써 노동 3권을 부정하고 있습니다.

노동 3권을 법적으로 보장하는 방법은 간단합니다. 정당한 파업에 대해 민형사상 책임을 묻지 못하게 하면 되죠. 그런데 한국 법원은 대개 기업의 손을 들어 줍니다. 파업의 정당성을 제한적으로만 인정해 손배·가압류의 길을 열어 주거든요. 기업과 국가가 손잡고 파업에 대해 경제적 보복을 가하는 셈입니다. 노조에 대한 손해 배상 청구는 다른 나라에서는 찾기 어려운 '한국적 악습'이랍니다. 선진국에서는 파업(권)을 사용자의 경제적 자유(권)보다 우위에 둡니다. 파업을 본질적으로 사용자의 경제적 권리를 제한하는 정당한 수단, 쉽게 말해 사용자에게 경제적 손실을 입히는 '합법적 수단'으로 보기 때문이죠.

| 자유는 중요한 가치죠. 그러나 절대화해서는(이런 입장을 '자유 지상주의'라고 하죠) 안 되는 가치이기도 하죠. 계몽주의 철학자들과 18~19세기의 법학자들은 자유를 부정적인 개념으로 이해했습니다. 그 이유는 자유가 타인을 배제하는 권리가 될 수 있다고 여겼기 때문이죠. 아동 노동에서 보듯이 고용주의 극단적인 자유는 아동에 대한 노동 착취를 낳았습니다. 시장의 완전한 자유는 억압과 착취를 뜻할 뿐이죠. 시장의 횡포를 견제할 법이 필요합니다. 그래서 루소는 《사회 계약론》에서 "약자와 강자 사이에서는 자유가 억압이며 법이 해방이다" 라고 말했죠.

가령 영국에서 사용자가 노동자에게 손해 배상을 청구한 마지막 사례는 1959년에 있었습니다. 그 전에는 1927년에 있었고요. 영국에서 노동자에 대한 손해 배상 소송이 드문 이유가 뭘까요? 기업이 손해 배상을 무기로 노동자들에 맞서는 문화 자체가 없기 때문이죠. 따라서 그런 생각이나 시도 자체를 아예 하지 않는답니다. 여기에는 장기적인 노사 관계를 위해서도 좋을 게 없다는 판단이 깔려 있겠죠. 기존 노동자들을 전부 해고할 생각이 아니라면, 노조를 적으로 만들 이유가 없으니까요. 그래서 한국과 같은 이상한 판결이 나오지 않습니다. 소송을 걸어야 판결이 나올 텐데, 소송 자체가 드무니까요.

도대체 한국만 왜 그런 걸까요? 판사들조차 노동자의 권리나 근로 기준법에 대해서 무지하기 때문이죠. 법관이라고 해서 모든 법에 능통한 건 아니랍니다. 근로 기준법을 공부할 기회가 마땅히 없거든요. 또, 노동자 권리에 대해 판사를 비롯한 법조인들의 의식 자체가 낮습니다. **상위법인 헌법이 단체 행동권을 보장하는데도, 하위법인 형법에 따라 파업에 '업무 방해죄'를 적용하거든요.** 판사들을 포함해서 대부분의 사람들이 '기업 중심 마인드'를 갖고 있죠. 쉽게 말해 기업의 눈으로 세상을 봅니다. 그래서 근로 기준법을 적극적으로 해석하고 적용하려는 의지도 별로 없답니다.

| 국제 노동 기구(ILO)에 따르면, 파업에 형법상 업무 방해죄를 적용하는 국가는 한국이 거의 유일하다고 합니다. 업무 방해죄에 따라 파업이 불법으로 판명되면 기업은 "위법 행위로 타인에게 손해를 가한 자는 그 손해를 배상할 책임이 있다"는 민법 제750조에 따라 손해 배상을 청구할 수 있지요.

공권력도 마찬가지랍니다. 경찰 등 정부가 노동조합, 노동자 단체 등을 보는 관점도 크게 다르지 않습니다. 일례로 몇 년 전 경찰이 강력 범죄 용의자의 수배 전단지에 '노동자풍'이라는 단어를 쓴 적이 있었죠. '노동자풍'이 뭘까요? 한마디로 전형적인 노동자의 모습이라는 뜻입니다. 국가 기관이 범죄 용의자의 인상착의를 묘사하면서 노동자의 모습을 내세울 정도니 노동자와 노조 활동을 폄하하는 게 전혀 이상하지 않습니다.

검찰 공안부에 대해서 들어 본 적 있나요? 공안(公安)은 말 그대로 공공 안전을 뜻합니다. 공안부는 공공안전과 관련된 검찰 부서였죠. 당시 공안부에는 공안 1과, 2과, 3과가 있었습니다. 1과는 대공(간첩), 2과는 노동조합(특히 파업), 3과는 학생 운동을 담당했습니다. 공안 2과는 노동조합의 동향을 늘 주시했답니다. 마치 조폭 동향을 감시하듯이요. 공공 안전을 다룬다는 공안부에서 2017년 맡은 사건 가운데 90.2%가 노동 사건이었죠. 노동조합을 다루는 검찰 부서, 이게 뭘 의미할까요? 대한민국에서 노동조합의 활동은 언제든 범죄로 둔갑할 수 있다는 거였죠. 노동 사건을 편향적으로 처리해 왔다는 오랜 비판이 있었고 결국 2019년 8월 검찰 공안부가 공공수사부로 바뀌었습니다. 1963년 서울 지검에 공안부가 생긴 지 56년 만이었죠.

일하는 사람 다수가 노동자인데도 불구하고 현실에서 파업은 대단히 부정적으로 매도됩니다. 언론과 사회는 노동자에 대한 부정적인 보도로 일관하고 있죠. 정당한 권리가 공익 훼손과 집단 이기주의로 매도되기 일쑤랍니다. 철도나 지하철 등 대중교통의 파업에는 시민 불편, 경제적 피해(회사뿐만 아니라 국가 전체) 등이 부각됩니다. 노동자들의 요구 사항이 무엇인지, 노동자들이 파업을 벌인 이유가 무엇인지, 노동자의 입장에서 보도하는 내용은 찾아보기 어렵죠. 경제 신문이나 종편은 물론이고 주류 신문, 지상파 방송이 거의 대부분 그렇습니다.

2014년에 발표된 〈민주주의, 언론 그리고 담론정치〉라는 논문은 이런 사정을 여실히 보여 줍니다. 해당 논문에 따르면 동아일보, 서울신문, 한겨레, 3개 신문사가 김대중, 노무현, 이명박, 박근혜 정권 동안 파업 관련 신문 사설을 217개를 써냈습니다. 그중에서 노동자의 관점에서 권익 옹호를 내세운 사설은 단 12개뿐이죠. 모두 한겨레 신문이 작성한 사설이었답니다. 나머지는 파업을 일으킨 노동자들에 대해서 공익 훼손, 정당성 결여, 집단 이기주의 등을 들어 비판하거나 정부의 정책 실패나 법질서 수호를 강조하는 사설이 대부분이었죠. 그나마 노사 간 사회적 합의를 종용하는 정도만 돼도 양호했답니다.

노동자들이 파업을 벌이면 불편할 수 있습니다. 또 파업으로 인한 혼란과 무질서가 보기에 좋지 않을 수도 있죠. 기업에는 일정한 손실을 줄 수도 있고요. 그러나 파업은 헌법이 보장한 노동자의 권리랍니다. 거듭 말하지만, 노동자에게는 합법적으로 타인에게 손해를 끼칠 권리가 있습니다. 즉, 정당한 파업은 그로 인한 손해에 대해 책임이 없답니다. 중요한 내용이니 한 번 더 짚고 가죠. 헌법 제33조는 다음과 같이 규정합니다. "노동자는 자신의 이익을 위해 단체를 만들고(단결권), 사용자에게 단체로 다 함께 어떤 걸 요구하고(단체 교섭권), 그 요구가 받아들여지지 않으면 합법적으로 사용자에게 손해를 끼칠 권리가 있다(단체 행동권)."

알베르 카뮈는 이렇게 말했어요. "우리는 사회 불의보다 차라리 무질서를 택해야 한다"고 말입니다. 노동자들의 파업은 헌법에 보장된 권리이고, 이를 행사하는 것은 지극히 정당하죠. 헌법과 법률이 보장한 권리 행사를 가로막

흔든 친 주먹 ©연스플래시

주먹을 꽉 쥔 채 높이 뻗은 팔은 저항과 거부의 의사를 표현합니다.

는 게 불의랍니다. 사용자든, 언론이든, 경찰이든, 누구든 상관없이 헌법의 권리를 부정하면 불의를 저지르는 것이죠. 카뮈는 그런 불의보다 차라리 파업의 혼란과 무질서를 택하는 게 낫다고 주장했습니다.

당장은 파업 때문에 불편을 겪을 수 있습니다. 환경미화원들이 파업을 하면 집 앞에 쓰레기가 쌓일 테고, 철도 노동자들이 파업을 하면 지하철 운행이 멈출 테니까요. 눈앞의 작은 이익을 따지면 누군가의 파업은 불편과 피해만 안겨 주는 것 같지만, 멀리 내다보면 그렇지 않다는 사실을 알 수 있죠. 한 분야에서 노동 조건이 나아지면 그것이 새로운 기준으로 자리를 잡아 다른 분야에도 영향을 미치기 때문입니다.

예를 들어 보죠. 오늘날 우리가 하루 8시간 일할 수 있는 건 오랜 노동 운동 덕분이랍니다. 1831년 하루 16~18시간씩 견

직물을 짜던 프랑스 리옹 지방의 노동자들이 일으킨 파업으로 하루 노동 시간이 14시간이 됐습니다. 이후 1886년 시카고 노동자들이 죽음을 무릅쓰고 벌인 파업 투쟁은 8시간 노동을 얻기 위한 것이었죠. 그들의 노력에 힘입어 국제 노동 기구는 1919년에 1일 8시간 주 48시간 노동에 관한 제1호 조약을 채택할 수 있었습니다. 이후 1935년에 주 40시간 노동에 관한 조약을 채택했죠.

이후 각국은 앞다퉈 노동 시간을 줄였습니다. 1936년 프랑스가 임금 삭감 없는 주 40시간제를 제정하고, 1938년 미국이 '공정노동기준법'을 만들어 노동 시간을 주당 40시간으로 정했습니다. 결국 파업을 통해 누군가의 노동 조건이 나아지면 다른 이들에게도 좋을 수 있습니다. 반면에 다른 노동자들이 파업할 때 늘어놓았던 불평은 돌고 돌아 언젠가 내가 파업에 나설 때 부메랑으로 돌아올 수 있겠죠. 우리가 더 크고 멀리 봐야 하는 이유랍니다.

"파업이 없는 나라를 알려 달라. 그러면 자유가 없는 나라를 보여 주겠다." 미국 노동 운동의 아버지로 불리는 새뮤얼 곰퍼스가 한 말입니다. 파업의 권리는 자유 민주주의 사회라면 어디든 보장하는 기본권이랍니다. 민주주의 사회에서 파업은 죄가 아닙니다.

5배에 달하는 임금 격차라니!

파업 노동자를 보면서 그래도 노동자들이 국가 경제를 생각해서 파업을 자제해야 한다고 생각하는 사람도 있을 겁니다. 이 책은 그런 주장을 전혀 담지 않았습니다. 그런 주장을 함께 다루면 노사 양측에 좀 더 공정해 보일 수도 있겠죠. 그러나 사실은 하나도 공정하지 않습니다. 특히나 앞서 살펴본 노조나 파업에 부정적인 언론 지형을 생각하면 더욱 그렇습니다.

노조에게 파업을 자제해 달라는 요구가 왜 공정하지 않을까요? 기업에는 같은 요구를 하지 않으면서 노조에만 가혹한 요구를 하는 것이기 때문이죠. 대기업이 정규직을 줄이고 비정규직을 늘려도, 하청 업체의 수익을 낮춰도 그건 전부 기업의 정당한 영업 행위라고 생각합니다. 기업의 존재 이유는 이윤 추구라면서요. 원청 업체가 하청 업체의 단가를 후려칠수록 하청 업체의 수익은 낮아집니다. 그 결과 하청 업체, 즉 중소기업 노동자의 임금과 복지는 더 나빠지죠.

예를 들어, 2014년 기준 현대·기아차 노동자는 평균 9,700만 원의 연봉을 받았습니다. 그런데 1차 협력 업체 노동자는 평균 4,700만 원, 2차 협력 업체 노동자는 평균 2,800만 원을 받았죠. 마지막으로 2차 협력 업체 사내 하청 노동자는 2,200만 원을 받았습니다(한국 노동 연구원, 2015년). 원청 정규직과 하청 비정규직 사이의 격차가 5배에 달합니다. 1차 협력 업체, 2차 협력 업체, 사내 하청 업체의 인건비를 대기업이 관리한 결과이지요.

대기업은 우월적 지위를 이용해 협력 업체가 간신히 버틸 수 있을 만큼만 대가를 지불한답니다. 그 결과가 임금 격차로 나타나는 거죠. 대한민국의 거의 모든 대기업이 그렇게 한다고 생각해도 됩니다. 대기업이 아무리 잘돼도 대한민국의 삶이 녹록지 않은 이유이지요. 대기업의 행태는 정당한 영업 행위이고, 노동자의 행동은 집단 이기주의인가요? 한번 생각해 봅시다.

4시간 일하면 30분 이상 쉬어야 한다고?

"우리는 기계가 아니다. 근로 기준법을 준수하라." 1970년 11월 13일 서울 청계천 평화시장 입구에서 한 청년이 휘발유를 자신의 몸에 붓고 불을 붙였습니다. 온몸이 불타는 순간에도 청년은 목청껏 외쳤습니다. 근로 기준법 준수를 요구하며 목숨을 바친 청년이 바로 전태일입니다. 전태일은 청계천 평화시장의 의류 공장에서 일했던 노동자랍니다.

평화시장 의류 공장은 다락방처럼 좁은 공간에 수십 명의 노동자들이 모여 일해야 했습니다. 햇빛도 들지 않는 좁은 다락방에서 하루 14시간씩 일을 했죠. 제대로 된 환기 장치가 없어 폐 질환에 시달리는 노동자들이 많았습니다. '시다'(보조)로 불린 13~17세의 어린 여성들은 초과 근무 수당도 없이 장시간 저임금 노동에 시달렸답니다. 청년 전태일은 어린 여성 노동자들이 열악한 노동 환경에서 고통받는 것을 보면서 노동 운동에 관심을 갖게 됐습니다.

노동자 개인이 해결하기 힘든 직장 내 문제들이 있습니다. 직장 내 성희롱, 내부 비리 등 여러 문제가 있지만, 노동 조건과 관련된 문제가 특히 더 그렇죠. 노동 운동이란 노동자 개인의 힘과 노력만으로 해결하기 힘든 문제들을 노동조합이나 노동자 정당 등을 통해 해결하는 활동입니다. 노사 관계, 더 나아가 노동법 등을 바꾸고 고쳐 문제를 해결하는 거죠. 노동조합이 앞장서서 회사 규칙도 바꾸고 회사와 새로운 단체 협약도 체결하며, 더 나아가 법을 개정해 노동 문제를 해결하는 거죠. 전태일도 노동 조건과 관련한 노동 문제에 관심을 갖고 노동 운동을 시작했답니다.

이때 개정할 법이 바로 노동관계법이죠. 노동관계법은 크게 개별 노동자 보호법과 집단적 노사 관계법으로 나눈답니다. 개별 노동자 보호법은 '근로 기준법', '최저 임금법', '임금 채권 보장법'(기업이 도산하는 경우 국가가 임금, 퇴직금 등을 우선 지급하고 나중에 사업주한테서 받도록 규정한 법) 등을, 집단적 노사 관계법은 '노동조합 및 노동관계 조정법'(노동조합의 설립 및 운영, 단체 교섭과 단체 협약, 노동 쟁의 조정과 중재 등), '근로자 참여 및 협력 증진에 관한 법률'(상시 노동자 30인 이상 기업에 반드시 설치하도록 되어 있는 '노사 협의회'에 관한 사항) 등을 담고 있죠.

노동관계법에서 특히 중요한 게 근로 기준법, 최저 임금법, 노동조합 및 노동관계 조정법 등이랍니다. 특히 근로 기준법이 아주 중요하죠. 근로 기준법 이외의 여러 노동법은 모두 근로 기준법의 내용을 세부적으로 다룬다고 볼 수 있거든요. 근로 기준법은 "근로 조건의 기준은 인간의 존엄성을 보장하도록 법률로 정한다"라는 헌법 제32조 3항을 구체화한 법률이죠. 근로 기준법은 헌법에 따라서 근로 조건의 기준을 정해서 노동자의 기본적 생활을 보장하는 법입니다.

이때 가장 중요한 것은 인간의 존엄성 보장이죠. 근로 기준법에서 '근로 기준'은 헌법에 나온 인간의 존엄성을 보장하기 위한 '근로 조건의 기준'이랍니다. 근로 기준법은 노동 조건에 대한 '최저 기준'입니다. 전태일이 목숨을 던진 당시에도 우리나라에는 근로 기준법이 있었습니다. 다만 지켜지지 않았을 뿐이죠.

근로 기준법의 모든 내용을 설명하기는 어렵고, 중요한 몇 가지만 추려서 설명하겠습니다.

계약 기간과 상관없이 근로 계약서는 반드시 작성하고 각 1부씩 보관해야 합니다(제17조). 해고는 30일 전에 예고를 해야 하고 그렇지 않을 경우 30일분 이상의 임금을 지급해야 합니다(제26조). 또한 노동자를 해고하려면 해고 사유와 해고 시기를 반드시 서면으로 통지해야 합니다(제27조). 사용자가 부당 해고를 하면 노동자는 노동 위원회에 구제를 신청할 수 있습니다(제28조).

하루 8시간 1주 40시간이 법정 노동 시간입니다. 그러나 당사자 간에 합의하면 1주에 12시간을 한도로 근로 시간을 연장할 수 있습니다. 따라서 1주일 최대 노동 시간은 52시간으로 제한되어 있습니다(제50조). 40시간+연장 노동 12시간으로 구성되

| 고용 계약서, 노동 계약서라고도 불립니다. 앞에서 노동과 근로의 차이에 대해서 살펴봤죠? 그럼에도 불구하고 노동 계약(노동 계약서) 대신 근로 계약(근로 계약서)이라는 표현을 쓰는 이유는 근로 기준법에 '근로 계약'이라는 표현으로 통일돼 있기 때문입니다. 근로 기준법의 관련 내용을 설명할 때는 근로 계약(근로 계약서)로, 그 외 대목에서는 노동 계약(노동 계약서)로 표현하겠습니다.

죠. 출근해서 퇴근할 때까지 휴게 시간(식사 포함)을 뺀 나머지가 모두 노동 시간이죠. 그러니까 작업 준비 시간이나 일하기 전까지 대기하는 시간이 모두 노동 시간에 포함됩니다. 당연히 그 시간에도 임금을 지급해야 합니다.

4시간 일하면 30분 이상, 8시간 일하면 1시간 이상의 휴게 시간을 보장해야 합니다(제54조). 보통 점심시간 1시간이 휴게 시간에 해당하죠. 노동자는 정해진 노동 시간만큼 일해야 합니다. 하루 7시간 일하기로 노동자와 계약했는데, 사용자가 일과 시간 중간에 "오늘은 손님이 별로 없으니까 먼저 들어가라." 이렇게 요구할 순 없습니다.

임금은 다음 4가지를 꼭 지켜야 한답니다(제43조). 첫째 반드시 현금 지급을 해야 하고 상품권, 쿠폰, 상품 등은 안 됩니다. 둘째 본인에게 직접 지급해야 합니다. 셋째 주기로 약속한 액수를 다 줘야 합니다. 손해 배상액을 제하고 주거나 하면 안 됩니다. 넷째 매달 1회 이상 정해진 날에 줘야 합니다. 몇 달에 한 번씩? 연봉제니까 1년에 한 번? 그런 방식은 허용되지 않습니다.

사용자의 귀책, 즉 책임으로 휴업하는 경우에 사용자는 휴업 기간 동안 노동자에게 평균 임금의 70% 이상의 수당을 지급해야 합니다(제46조). 쉽게 말해 가게 인테리어 공사 때문에 휴업하게 되더라도 노동자의 잘못이 아니기 때문에 임금을 지급해야 하는 거죠.

5인 이상 사업장에서는 연장 근무, 야간 근무, 휴일 근무를 할 때 임금의 1.5배를 받게 됩니다(제56조). 그 말은 5인 미만 사업장은 연장 근무, 야간 근무, 휴일 근무 등에 따른 수당이 없다는 뜻이기도 하죠(5인 미만 사업장 문제는 별도로 설명하겠습니다).

1주일 15시간 이상 근무할 경우 하루 유급 휴일을 주어야 합니다(제55조). 유급 휴일은 일을 하지 않고도 유급(有給), 즉 급료를 받으면서 쉬는 날입니다. 노동법으로 보장된 유급 휴일은 딱 두 가지뿐이죠. 노동절(5월 1일)과 주휴일이랍니다.

주휴일은 말 그대로 매주마다 한 번씩 쉬는 날입니다. 1주 15시간 이상 일하고, 1주를 개근(1주일 동안 일하기로 약속한 소정의 날짜를 개근)해야 주휴일이 발생합니다(제55조). 대개는 일요일인데, 다른 날로 정할 수도 있습니다. 주휴일에는 주휴 수당이 지급됩니다. 주휴 수당은 주휴일과 마찬가지로 주 15시간 이상 일한 노동자에게 주도록 되어 있죠.

사용자는 1년간 80% 이상 출근한 노동자에게 15일의 유급 휴가를 줘야 합니다(제60조). 즉 임금이 나오는 휴가를 줘야 하죠. 공휴일은 무급 휴일입니다. 즉 임금이 지급되지 않는 쉬는 날이죠. 2022년부터 공휴일도 유급 휴일에 포함된답니다. 300인 이상 사업장은 2020년부터, 30~299인 사업장은 2021년부터, 5~30인 사업장은 2022년부터 적용되죠.

임신 중이거나 출산 후 1년까지는 원칙적으로 휴일 노동을

| 이런 이유로 이전에 주당 20~30시간 근무였던 이들이 15시간 미만으로 근무 시간이 조정되기도 하죠. 이를 일명 '알바 쪼개기'라고 부른답니다. 1명이 할 일을 2~3명에게 시켜서 주휴 수당을 주지 않으려는 꼼수죠. 2018년에는 초단 시간 노동자가 160만 명에 달했고, 2019년에는 181만 명에 이르렀습니다.

금지하고 있고(제70조), 출산 후 1년까지는 1일에 2시간, 1주에 6시간, 1년에 150시간 넘게 연장 근로를 시킬 수 없습니다(제71조). 여성 노동자가 청구하면 월 1일의 생리 휴가를 줘야 합니다(제73조).

일하다 다치면 산재 보상을 받을 수 있습니다(제78조~제80조). 산재란 산업 재해를 뜻하죠. 작업 혹은 업무와 관련되어 발생한 질병·부상·사망 등이 산업 재해랍니다. 산재가 발생하면 산업 재해 보상 보험(이하 '산재 보험')을 통해 보상을 받게 됩니다. 노동자가 속한 사업장이 산재 보험에 가입되지 않았더라도 산재 보상이 가능하죠.

여기 제시된 내용들은 노동자로서 당연히 누려야 할 것들입니다. 따라서 사용자에게 요구할 때 머뭇거리거나 주저할 필요가 전혀 없답니다. 법은 보기 좋으라고 만든 게 아니라 지키라고 만들어 놓은 것이죠. 그러니 법을 지키라고 당당히 요구하

팀장님, 내일 생리 휴가 냈습니다.
결재 부탁드립니다.

그래요. 김 대리.

면 된답니다.

사실 법을 보기 좋으라고 만든 시대도 분명히 있었습니다. 법을 만든 사람들이 앞선 국가들의 법을 베껴 겉만 번지르르하게 따라 만들었죠. 겉모습만 그럴 듯한 법은 유명무실하기만 했죠. 노동법이 대표적입니다. 노동법은 이승만 정부 당시 1953년 일본의 노동법의 내용과 체계를 모방해 만들어졌답니다. 노동조합법, 노동 쟁의 조정법, 노동 위원회법, 근로 기준법 등 노동 4법이 이때 탄생했죠.

1953년 제정된 근로 기준법은 오랫동안 제 기능을 못했습니다. 보기 좋으라고 만든 법이니 현실에서 거의 지켜지지 않았던 겁니다. 지키지 않을 때 엄격하게 처벌했다면 그나마 지켰겠지만, 보기 좋으라고 만든 법인지라 지키지 않아도 어차피 솜방망이 처벌이 내려졌습니다. 전태일은 대통령과 근로 감독관 등에게 열악한 노동 환경을 알리고 산업 현장에서 근로 기준법이 지켜지도록 요구했지만, 당시 정부는 전태일의 외침을 철저히 외면했죠. 전태일은 얼음벽 같은 현실을 녹이려고 자기 몸에 불을 붙였습니다.

근로 기준법은 1987년 노동자 대투쟁 이후부터 산업 현장에서 실제 적용되기 시작했습니다. 제정부터 시행까지 30년 넘게 걸렸으니 짧은 시간이 아니었죠. 세계 최초의 노동법인 영국의 '도제의 건강 및 도덕에 관한 법률'이 1802년에 만들어진 것과 비교하면 180년이나 차이가 나죠. 오늘날은 근로 기준법을 지키지 않으면 법에 따라 처벌을 받습니다. 사업주 입장에서는 근로 기준법을 지키지 않아 처벌받는 것이 과하다고 여길 수 있지만, 노동자 입장에서 근로 기준법은 법이 정한 근로 조건의 최저 기준에 불과합니다.

근로 기준법의 보호를 온전히 받지 못하는 노동자들이 있습니다. 바로 5인 미만 고용 사업장의 노동자들이죠. 근로 기준법은 5인 이상의 노동자가 일하는 사업장에는 전면적으로 적용되지만 5인 미만 사업장에는 부분적으로 적용됩니다. 2019년 통계청에 따르면 5인 미만 사업장에서 일하는 노동자는 580만 명에 이릅니다. 전체 노동자의 1/4 정도에 해당하는 숫자죠. 결코 적지 않은 이들이 노동법의 온전한 보호를 받지 못하고 있는 겁니다.

5인 미만 사업장의 노동자들이 보장받지 못하는 것들은 뭐가 있을까요? 우선 1일 8시간, 1주 40시간의 법정 노동 시간을 적용받지 못합니다. 주휴일을 제외하고 1주 내내 일을 시켜도 법적으로 문제가 되지 않죠. 연장·야간·휴일 노동에 대한 수당도 전혀 없답니다. 매장 인테리어 공사처럼 고용주의 사정으로 노동자가 일을 못 하더라도 수당이 전혀 없죠(5인 이상 사업장에서는 휴업 기간에 평균 임금의 70% 이상을 수당으로 지급해야 합니다). 연차 휴가도 기대할 수 없고, 생리 휴가는 꿈도 꿀 수 없습니다. 더군다나 아무 때나 아무 이유 없이 해고를 당해도 따질 방법이 없습니다. 부당하게 해고되어도 법원이나 노동 위원회에서 다투지 못하거든요.

근로 기준법에서 5인 미만 사업장 노동자가 보장받을 수 있는 것은 극히 일부입니다. 우선 근로 계약서 작성 및 교부가 적용됩니다. 또, 최저 임금, 휴게 시간, 유급 휴일(사용자는 노동자에게 1주에 평균 1회 이상의 유급 휴일을 보장해야 합니다. 가령 주 5일을 일하는 노동자가 5일을 모두 출근했을 경우 1일의 유급 휴일을 주어야 하죠. 단 휴무일은 꼭 일요일일 필요는 없습니다), 퇴직금(1년 이상 계속 근무한 경우), 산재 보험, 해고 예고(해고 30일 전 예고하고 예고하지 않은 경우 해고 예고 수당 지급) 정도만 법률로 보장받고 있을 뿐입니다. 정말 최소한의 보장이 아닐 수 없죠.

5인 미만 사업장의 노동자들은 가장 열악한 환경에 놓여 있고, 따라서 더 보호받아야 합니다. 그러나 가장 보호해야 할 대상을 가장 덜 보호하고 있는 게 현실이죠. 법의 보호가 꼭 필요한 사람들을 오히려 사각지대에 방치하고 있는 겁니다. 5인 미만 사업장에 대해 근로 기준법 예외를 둔 것은 영세 소상공인이란 약자를 보호하기 위해서입니다. 그런데 약자를 보호한다는 명목 아래 또 다른 약자, 더 열악한 처지에 있는 약자를 착취하는 모순이 벌어지고 있는 거죠. 영세 소상공인을 보호하는 방법으로 약자를 착취하는 것 말고 다른 제도적 장치를 마련해야 하지 않을까요?

국회 입법 조사처 보고서에 따르면, 종사자 수를 기준으로 노동법 적용을 배제하는 경우는 전 세계적으로 매우 드물다고 합니다. 독일·프랑스 등지에서 종사자 수에 따라 해고 규정을 완화하는 사례는 있지만 노동법 사체를 예외로 두지는 않습니다. 근로 기준법 적용 대상은 1975년부터 16인 이상 사업장, 1987년부터 10인 이상 사업장, 1989년부터 5인 이상 사업장으로 확대된 이후 30여 년 동안 전혀 변하지 않았답니다. 퇴직금 제도가 5인 미만 사업장으로 확대된 것처럼(2010년 12월부터) 근로 기준법도 5인 미만 사업장에 전면적으로 평등하게 적용되어야 합니다. 헌법은 "모든 국민은 법 앞에서 평등하다"라고 선언하고 있는 것처럼요.

전태일이 근로 기준법 준수를 요구하며 목숨을 던진 지 거의 50년이 흘렀습니다. 전태일이 연민을 느꼈던 1960년대 청계천의 여공들은 다 사라졌을까요? 안타깝게도 2020년의 대한민국에서 여전히 살아가는 듯합니다. 영세 사업장 노동자의 현실이 그때와 비교해서 크게 달라지지 않았기 때문이죠. "사회적 약자를 위한 제도가 사회 정의에 가장 가깝다"라는 철학자 존 롤스의 말을 기억해야겠습니다. 근로 기준법은 노동자의 존엄을 지키는 마지노선입니다.

| 존 롤스는 《정의론》에서 '맥시민(Maximin) 전략'을 내세웠죠. 맥시민은 maximize(극대화하다)와 minimum(최소)이 결합한 말입니다. 번역하면 '최소 극대화'가 되죠. 사회적·경제적으로 가장 불리한 환경에 처한 사람들(minimum)을 최대한으로, 최우선적으로(maximize) 고려해야 한다는 거죠.

삼성의 무노조 경영

"내 눈에 흙이 들어가기 전에 노조는 안 된다." 삼성의 창업주 이병철 회장이 한 말입니다. 삼성은 지금까지 무노조 경영 원칙을 천명해 왔습니다. 노동자들이 지금까지 여러 번 노조 설립을 시도했지만, 회사의 조직적 방해로 노조 설립이 번번이 무산됐죠. 여기에는 합법적 방법뿐만 아니라 불법적 방법도 많이 동원됐답니다. 노조 설립을 추진하는 노동자들을 미행하고 감시하며 협박하는 등 온갖 불법을 저질렀죠.

삼성에서 노동조합을 만들다 해고된 김용희 씨를 아나요? 그는 공식 사과, 복직, 해고 기간의 임금 지급 등을 요구하며 한 평도 안 되는 강남역 사거리 CCTV 철탑 위에서 300일 동안 생활했습니다. 돌아보면 삼성에는 수많은 김용희 씨가 있었습니다. 무엇이 삼성의 무노조 경영을 가능케 했을까요? 또, 삼성이 80년 만에 변화하려고 하는 이유는 무엇일까요?

1987년 민주화 이후 여러 사업장에서 노동조합이 나타나기 시작했습니다. 하지만 삼성은 유독 노동조합이 없었습니다. 왜 그랬을까요? 삼성은 한국 자본주의의 대표적인 기업이고, 돈이 가장 많은 재벌입니다. 자본력, 조직 관리, 대관(對官) 능력, 사회적 영향력 등 모든 면에서 가장 앞서죠. 삼성은 이런 막강한 힘을 이용해 정부, 사법부, 정치권, 언론계 등과 유착돼 있었죠.

| 삼성에는 2020년 현재 4개의 노조가 있습니다. 3개 노조는 모두 합쳐도 조합원 수가 수십 명에 불과해 2019년 11월에 설립된 한국 노총 산하 삼성전자 노조가 사실상 첫 노조로 분류됩니다.

| 관청을 상대하는 능력을 말합니다. 행정 관청뿐만 아니라 입법 기관인 국회 등을 상대로 로비를 벌이는 능력이죠.

실제로 김용철 변호사가 쓴 《삼성을 생각한다》를 보면 삼성은 청와대와 정부의 정책, 인사 등에 개입할 수 있었고, 대통령과도 직접 이야기할 수 있었으며, 문제가 터지면 검찰, 법원, 행정 부처 등에 영향을 미칠 수 있었다고 합니다. '삼성 공화국'이라는 말이 그냥 생겨난 게 아니지요. 그랬기 때문에 삼성에서 제대로 된 노조를 만들려는 시도는 번번이 실패할 수밖에 없었답니다.

변화는 예상치 못한 곳에서 시작됩니다. 외환 위기 이후 상당수 재벌 기업이 무너졌습니다. 효율성, 비용 절감 등의 기치 아래 무한 경쟁 시스템이 자리 잡기 시작하자, 핵심 분야를 제외한 거의 대부분을 비정규직으로 채우고 아웃소싱, 하청 시스템을 도입하게 되었죠. 삼성도 마찬가지였습니다. 그러다 비정규직의 억눌린 분노가 재벌 대기업의 대명사인 삼성으로 향했답니다. 때마침 삼성전자의 불법 파견에 대한 수사와 재판이 시작됐죠.

또 다른 변화는 민주화 이후 시간이 흐르면서 노동권에 대한 인식이 강화되기 시작했다는 점입니다. 이런 변화는 사법부에서도 나타났죠. 아직 선진국 수준에는 미치지 못하지만, 법원 내의 의식이 많이 높아졌습니다. 삼성의 법원 관리가 예전처럼 수월하지 않게 된 거죠. 그 결과 삼성의 경영진이 노조 탄압 혐의로 법원에서 유죄 판결을 받았답니다. 아직 대법원 판결이 남아 있긴 하지만, 달라진 법원의 분위기를 잘 보여 주죠.

노동조합 및 노동관계 조정법(이하 '노조법') 제81조는 노동자가 노동조합을 결성하고 운영하며 정당한 단체 행동을 할 수 있는 권리를 보호를 보호하고 있습니다. 이를 어길 시에는 부당 노동 행위로 처벌 대상이 되죠. 삼성이 벌인 불법 행위들은 부당 노동 행위로 볼 수 있습니다. 2020년 8월 기준으로 삼성의 전·현직 임원 32명이 노조 와해와 관련해서 재판을 받고 있고, 그중 26명에 대해 1심에서 유죄가 선고됐습니다. '삼성 2인자' 이상훈 삼성전자 이사회 의장은 1심에서 1년 6개월의 실형을 선고받고 법정에서 구속되기도 했지만 2심에서는 무죄가 선고되었습니다.

노조가 없어서 삼성이 세계적인 기업으로 성장했다는 주장이 있습니다. 마치 노조를 경제의 적으로 여기는 듯한 주장인데요. 그러면 삼성 말고 노조가 있는 현대나 LG 등의 성장은 어떻게 설명할 수 있나요? 만약 노조가 경제의 적이라면, 한국이 어떤 선진국보다 경제 상황이 더 좋아야겠죠. 한국의 노조 가입률이 OECD 국가 중에서도 최저 수준이니까요. 경제학자 데이비드 레바인의 연구에 의하면, 미국에서 노동자의 경영 참여를 보장하는 기업들이 그렇지 않은 기업들에 비해 생산성이 더 높았다고 합니다.

노조가 경제에 해롭지 않다는 사실을 뒷받침하는 증거는 많습니다. 그중하나가 미국 경제 정책 연구소에서 가져온 다음 그래프입니다. 노조 가입률이 높을수록 상위 10%의 소득은 떨어지고, 반대로 노조 가입률이 낮을수록 상위 10%의 소득이 올라갑니다. 첫 번째 그래프에서 1960년대 이후 노조 가입률이 하락하는 추세와 관련된 내용은 두 번째 그래프가 보여 주죠. 노조 가입률 하락과 중산층 소득 감소가 동일하게 하향 곡선을 그리고 있죠.

두 그래프는 노동조합 가입률과 소득 불평등의 상관관계를 잘 보여 줍니다. 왜 노조 가입률이 소득 불평등에 영향을 줄까요? 소득 불평등의 원인은 다양합니다. 우선 기술 진보, 즉 자동화와 세계화로 저숙련 노동자들이 일자리를 잃게 되고, 이것이 소득 불평등으로 이어집니다. 그런데 자동화와 세계화가

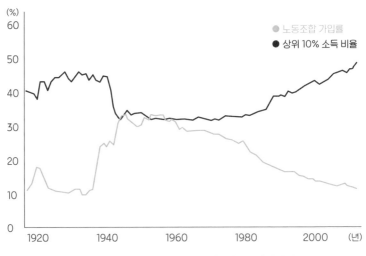

노동조합 가입률과 상위 10% 소득 비율. 미국 경제 정책 연구소

엇비슷하게 진행되더라도 나라마다 불평등의 정도가 다르답니다. 여기에는 제도적 요인이 중요하게 작용하죠. 최상위 계층의 소득세율 등이 제도적 요인이죠. 노조 가입률이 떨어지면 그만큼 노조의 영향력이 떨어지게 됩니다. 노조의 힘이 약해질수록 노동자는 기업의 의사 결정 과정과 정부의 경제 정책(소득세율 결정 등)에 자신의 목소리를 반영하기 어려워집니다.

오바마 전 미국 대통령은 2015년 노동절 연설에서 이렇게 말했답니다. "내 가족의 생계를 보장할 좋은 직업을 원하는가? 누군가 내 뒤를 든든하게 봐 주기를 바라는가? 나라면 노조에 가입하겠다." 오바마는 이런 말도 했답니다. "노동조합이 없거나 금지한 나라도 많다. 그런 곳에서는 가혹한 착취가 일어나고, 노동자들이 늘 산업 재해를 입으며 보호받지 못한다. 노조 운동이 없기 때문이다." 무노조 경영을 표방하는 삼성전자에서 70여 명이 백혈병으로 사망한 사건에 딱 들어맞지 않나요?

노동조합 가입률과 중산층 소득의 상관관계, 미국 경제 정책 연구소

3장

노동의
안부를 묻는다

노동 시간 단축
한국인이 독일인보다 1년에 4개월을 더 일한다고?

비정규직의 슬픔
똑같이 일하고도 월급이 절반이라면?

노동의 빈곤
열심히 일해도 가난한 이유가 뭘까?

최저 임금 인상
티끌은 모아도 티끌?

더 알아보기 업무가 끝나도 끝난 게 아니다

한국인이 독일인보다
1년에 4개월을 더 일한다고?

영국의 경제학자 존 메이너드 케인스는 1930년에 2030년이 되면 주당 15시간만 일하는 세상이 온다고 전망했습니다. 영국 철학자 버트런드 러셀도 1932년 펴낸 《게으름에 대한 찬양》에서 "미래에는 노동 시간이 줄어들고 모두가 평등한 여가를 즐길 것"이라고 했습니다. 러셀은 이 책에서 하루 4시간 노동을 주장했습니다.

그러나 오늘날은 그들이 예상한 미래와 다르죠. 대한민국은 특히 더 그렇습니다. "월화수목금금금"이란 말이 있죠. OECD에서 가장 긴 노동 시간을 자랑하는 대한민국의 현실을 잘 드러내는 표현이죠. OECD 통계에 따르면 2018년 기준으로 독일 노동자의 연간 노동 시간이 1,363시간으로 가장 짧고, 한국(1,993시간)은 멕시코(2,148시간)에 이어 조사 대상국들 중 두 번째로 노동 시간이 깁니다. 독일보다 1년에 4달을 더 일하고 있는 셈이지요. 한국이라고 1년이 12개월보다 긴 게 아닌데, 4달을 더 일한다는 게 말이 되나요?

한국 노동자들은 중세 유럽의 농노보다 더 오래 일하고 있습니다. 농노는 연간 1,620시간가량 일했다고 하죠. 영국 옥스퍼드 대학의 제임스 로저스 교수의 조사에 따르면 중세 농노의 하루 노동 시간은 8시간을 넘지 않았으며, 미국 보스턴 대학의 줄리엣 스코어 교수의 추정에 따르면 13세기 영국 농노의 연간 노동 일수는 150일을 넘지 않았다고 합니다. 그래서 미국 캘리포니아 대학의 그레고리 클라크 교수는 13세기 영국 농노의 노동 시간을 약 1,620시간으로 추정했습니다. 그렇다면 한국인이 중세의 농노보다 370여 시간을 더 일하는 거죠. 하루 8시간 노동, 주 5일로 계산하면 한국인은 중세 농노보다 1년에 두 달 넘게 더 일하는 겁니다.

중세 사람들은 정말로 그렇게 여유롭게 살았을까요? 18세기 이전까지 영국인들은 요일을 가리지 않고 쉬었다고 합니다. 그들에게 일하는 주중과 쉬는 주말의 구분 같은 건 없었죠. 사회학자 시어도어 젤딘은 주말(weekend)이라는 말 자체를 자본가들이 만들었다고 말합니다. 당시에는 일과 휴식이 엄격히 구분되지 않고 섞여 있었습니다. 당시 사람들은 자신에게 필요한 것을 장만할 수 있을 만큼만 일했죠. 돈을 위해 일하지 않고 필요에 따라 일했답니다.

왼쪽 그림은 피테르 브뢰헬이 그린 1500년대의 농촌 풍경입니다. 추수하는 농부들이 옹기종기 모여 앉아 새참 시간에 맥

추수하는 사람들(The Harvesters),
Pieter Bruegel the Elder(1565)

아이들의 놀이(Children's Games),
Pieter Bruegel the Elder(1560)

주를 마시는 모습에서 여유가 느껴지지 않나요? 오른쪽 그림은 중세의 아이들이 노는 모습입니다. 이 그림에 등장하는 어린이만 250명이죠. 당시에 유행하던 놀이가 50가지 넘게 담겨 있다고 합니다. 중세는 우리가 생각하는 것 이상으로 여유와 놀이가 가득했답니다.

한국인들은 장시간 일하는 것으로 유명합니다. 우리보다 더 많이 일하는 나라도 있습니다. 그러나 전 세계를 둘러봐도 한국 정도의 경제 수준과 규모를 가진 나라 가운데 한국처럼 장시간 노동을 하는 나라는 없답니다. 전체 노동자 중 주 49시간 이상 일하는 이들을 장시간 근무 노동자로 분류하고 있는데 2016년 기준, 한국은 장시간 근무 노동자가 32%나 됐죠. 다른 나라들은 어떨까요? 일본 20.1%, 미국 16.4%, 영국 12.2%, 프랑스 10.5%, 이탈리아 9.9%에 불과했습니다.

빌딩이 밀집한 도심의 야경. 반짝이는 불빛이 얼핏 아름다워 보이지만, 일에 묶여 퇴근하지 못하는 수많은 노동자들의 한숨이 저 불빛 아래 숨어 있다.

자동화 덕분에 기계가 인간의 일을 대신하는 시대에, 한국 노동자들의 여유 시간은 어디로 사라진 걸까요? 미하엘 엔데의 소설 《모모》(1973)에 나오는 마을 사람들처럼 시간을 도둑맞은 걸까요? 잦은 야근, 주 5일제에서 제외되는 업종, 법정 노동 시간을 초과하는 노동 등에 시간을 빼앗긴 탓입니다. 대한민국은 오랫동안 '야근 공화국'이라는 오명에 시달려 왔습니다. 불과 몇 년 전까지만 해도 야근을 당연시하는 분위기였고 '야근=근면'의 공식이 통용돼 왔거든요.

　　한국에서 오래 일하는 것은 성실의 증표처럼 여겨졌고, '칼퇴'는 불성실로 인식돼 왔죠. 무언가 이상하지 않나요? 사실 정시 퇴근이 정상적 상황이고, 연장 노동이 예외적 상황이죠. 그

런데 지극히 정상적인 정시 퇴근에 '칼퇴'라는 이름이 붙어 있습니다. 업무 시간이 끝나서 칼같이 퇴근하는 것은 특별하거나 이상한 일도, 더 나아가 비난받을 일도 아닌데 말입니다. 한국 사회가 오랫동안 비정상적 상황을 정상으로 여겨 온 탓이겠죠.

앞서 살펴본 근로 기준법의 역사는 노동 시간 단축의 역사로 불리기도 합니다. 1953년 근로 기준법 제정과 동시에 주 48시간제가 시작됐습니다. 이후 1987년 민주화 투쟁 이후 1989년 주 44시간제가 됐고, 2004년부터 2011년까지 주 5일 근무제를 단계적으로 시행하면서 노동 시간은 4시간 더 줄어 주 40시간제가 됐습니다. 48시간이 40시간이 되는 데 무려 58년이 걸린 셈입니다. 물론 법이 정한 기준이 그랬다는 거죠. 실제로는 그 기준보다 더 일해야 했답니다. 예외적으로 1주 12시간의 연장 근로를 허용했기 때문입니다.

불가피하게 연장 근로가 필요하다면 1주 12시간을 추가로 일할 수 있었습니다. 그런데 산업 현장에서 이 예외 규정을 다르게 받아들였습니다. '1주 12시간 연장 근로'를 근무가 있는 주중에 12시간까지 일을 더 시키고, 주말은 주말대로 일을 또 시킬 수 있다는 의미로 말이죠. 그래서 주 5일 동안 40+12=52시간 일을 시키고, 휴일인 토요일과 일요일 이틀 동안 하루 8시간씩 16시간까지 더 일을 시키는, 정말 코미디 같은 일이 벌어졌답니다. 법정 노동 시간이 주 40시간으로 줄어드는 동안 실제 노동 시간은 주 68시간으로 되레 많아졌던 거죠.

근로 기준법은 하루 8시간, 1주일에 40시간이라는 법정 노동 시간을 정해 놓고 있지만, 현실에서는 연장 노동 12시간에 휴일 노동까지 더해서 1주일에 최대 68시간까지 늘어날 수 있었던 겁니다. 게다가 노동 시간 특례 업종의 경우 법정 기준 이외에 12시간을 더 초과해 80시간까지 일할 수 있었죠. 주 40시간외 연장 노동 허용 시간(주 52시간)까지 초과한 노동자는 무려 357만 명에 달했습니다(2014년 기준). 법정 노동 시간이 정해져 있었지만, 노동 시간이 늘어나는 것을 방치한, 애매하고 허술한 법 조항 때문이었죠.

국제 노동 기구(ILO)의 2007년 보고서는 한국을 법정 노동 시간이 제대로 지켜지지 않는 대표적인 나라로 꼽았습니다. 보통은 소득 수준이 올라가면서 법정 노동 시간 준수 정도도 높아지는데, 한국은 예외라는 거였죠. 2018년 7월 1일부터 법정 노동 시간이 바뀌었습니다. 주중 하루 최대 근무 시간은 8시간으로 바뀌었죠. 여기에 야근 또는 주말 근무를 12시간까지만 할 수 있습니다. 이렇게 되면 1주일에 52시간을 초과할 수 없답니다. 애매했던 부분인 1주의 개념은 "휴일을 포함한 7일"로 분명히 못 박았죠.

법정 노동 시간 40시간, 연장 포함 최대 52시간. 물론 아직도 짧은 편은 아니랍니다. 2008년 노벨 경제학상을 받은 경제학자 폴 크루그먼은 2018년 한국을 방문해 강연하던 중 "주 52시간 노동 제한을 일률적으로 적용하는 것이 무리가 아니냐?"라는 질문을 받고선 "정말 52시간이 맞나요?"라고 되물었답니다. 선

| 정부의 묵인 아래 이루어진 일이었습니다. 정부는 1주 68시간까지 일을 시킬 수 있다는 행정 해석으로 사용자들 편에 섰죠. 법과 현실의 철저한 괴리를 보여 주는 사례였습니다.

진국인 한국이 그렇게 오래 일한다는 것에 믿을 수 없다는 반응이었죠. 폴 크루그먼이 그렇게 놀란 이유가 뭘까요? 선진국들의 노동 시간이 우리보다 훨씬 적기 때문입니다. 독일은 1995년부터, 프랑스는 2000년부터 주 35시간 근무제를 실시하고 있답니다. 폴 크루그먼이 놀란 이유를 이제 알겠죠?

〈모던 타임즈〉는 과도한 노동이 인간에게 미치는 영향을 잘 보여 주죠. 주인공은 공장 조립 라인에서 나사를 조이는 일을 합니다. 그는 컨베이어 벨트가 움직이는 속도에 맞춰서 나사를 조여야 하죠. 조금만 한눈을 팔거나 방심하면 전체 공정은 엉망이 됩니다. 그래서 한시도 쉬지 못한 채 정신없이 나사를 조인답니다. 얼마나 반복했던지 작업대를 벗어난 손이 저절로 움직일 정도죠. 급기야 주인공은 지나가는 여성의 옷에 달린 커

영화 〈모던 타임즈〉의 한 장면

다란 단추를 너트로 착각한 나머지 조이려고 달려들죠. 한바탕 소동을 치른 주인공은 결국 정신 병원에 수감됩니다.

〈모던 타임즈〉는 컨베이어 벨트로 대변되는 분업과 반복적 노동의 문제점을 날카롭게 파고듭니다. 대량 생산 시스템 아래서 노동자는 개성을 잃고 휴식과 여유를 찾지 못하죠. 영화가 과장해서 묘사하긴 했지만, 과도한 반복적 노동은 인간의 정신을 황폐화시킬 수 있습니다. 영화에서는 이를 정신 병원에 수감되는 주인공의 모습으로 표현했죠. 쉬지 못한 채 장시간 일하게 되면 노동자의 심신은 거칠고 메마르게 된답니다. 과도한 노동이 어떤 문제들을 불러일으키는지 구체적으로 살펴볼까요?

문제점1 과도한 노동은 노동자의 건강에 해롭습니다.

"전쟁 같은 밤일을 마치고 난 / 새벽 쓰린 가슴 위로 / 차거운 소주를 붓는다 / 아 / 이러다간 오래 못 가지 / 이러다간 끝내 못 가지"

박노해 시인의 〈노동의 새벽〉이라는 시의 한 구절입니다. 이 시에서 "오래 못 가지", "끝내 못 가지"는 '일을 오래 못 한다'는 뜻이 아니라 '목숨이 오래 못 간다'는 의미랍니다. 시적 과장이 아닙니다. 죽도록 일하다 진짜 죽을 수 있답니다.

한국에서는 한 해에 1,800명 정도가 과로사로 희생된다고 추정됩니다. 학계 추정치가 그렇고, 노동계에서는 한 해 3,000명 정도가 과로사로 목숨을 잃는다고 보고 있습니다. 과로사가 아니라 과로로 인한 자살까지 더한다면 이 숫자는 훌쩍 커질 겁니다. 과로로 인한 자살은 통계조차 없습니다. 2017년 자살자가 12,463명으로, 2018년 자살자가 총 13,670명으로, OECD 국가 중에서 자살률이 가장 높답니다. 2003년 이후 15년째 OECD 국가 중 1위의 자살률을 유지하고 있죠. 높은 노동 강도로 미뤄 볼 때 과로로 인한 자살자 수도 상당할 것으로 보입니다.

문제점2 장시간 노동과 생산성 압박이 산업 재해로 이어지고 있습니다. 매년 2,000명 이상이 산업 재해로 사망하죠. 한국의 산업 재해 사망률은 OECD에서 1위랍니다. 유럽 연합의 5배에 달하죠. 노동자들만의 문제가 아닙니다. 대학 병원에서 일하는 전공의들을 볼까요? 2017년 법이 바뀌기 전까지 전공의들은 주 100시간 이상의 살인적인 업무 강도에 시달렸습니다(법이 바뀐 지금도 80시간까지 근무할 수 있습니다). 한 조사에서는 전공의 가운데 72.9%가 병동이나 심지어 수술실에서 졸았던 경험이 있다고 답했습니다. 당연히 의료 과실이나 사고로 이어질 가능성이 높아지겠지요.

국제적으로는 주당 48시간 이상 노동할 경우 노동자를 위협할 수 있다고 봅니다. 노동자의 건강과 안전을 해칠 수 있다는 거죠. 유럽 연합은 1993년에 주당 노동 시간을 48시간으로 제한했습니다. 48시간은 연장 근로까지 포함한 노동 시간이랍니

| '과로 자살'은 자살이 아닌 과로사로 봐야 합니다. 2016년 tvN 드라마 〈혼술남녀〉의 조연출 이한빛 PD가 자살했고, 게임 회사 넷마블의 직원이 과로로 자살했습니다. 이한빛 PD의 유서에는 "하루 20시간 넘게 일을 시키고 다시 현장으로 불러냈다"라는 내용이 담겼죠. 통계청의 조사에 따르면 2015년 559명이 직장 또는 업무상의 문제로 목숨을 끊었다고 합니다.

다. 그런데도 한국은 2018년에서야 52시간으로 낮췄죠. 참고로, 높은 산재 사망률은 뒤에서 살펴볼 '위험의 외주화'와도 관련됩니다. 위험하고 힘든 일을 죄다 외주화해서 하청 업체에 떠넘기는 거죠.

문제점3 장시간 노동은 기업에도 좋을 게 없습니다. 노동 시간만 길고 생산성은 떨어지기 때문이죠. 한국의 노동 생산성은 미국이나 독일, 아일랜드 등의 절반 수준입니다. 2018년 기준, 한국의 시간당 노동 생산성은 39.6달러로 53.4달러인 OECD 평균에 못 미치죠. 노동 생산성 1위인 아일랜드는 무려 99.7달러에 달합니다. 쉽게 말해 같은 시간을 일하고도 아일랜드가 한국보다 2배 이상의 성과를 낸다는 뜻입니다. 다르게 말하면 한국 노동자가 10시간 걸려 할 일을 아일랜드 노동자는 4시간 만에 한다는 겁니다.

한국 직업 능력 개발원의 2013년 연구에서 주당 52시간 이상 일하는 노동자 중 24.1%가 "작업 중 낭비되는 시간이 10%가 넘는다"고 답했습니다. 장시간 노동은 효율성을 떨어뜨릴 수밖에 없습니다. 집중력이 떨어지기 때문이죠. 이렇게 생각하면 이해하기 쉽습니다. 공부하기 싫은데 2~3시간 억지로 의자에 앉아 있는 것과 공부하겠다는 열의에 불타 1시간 바짝 공부하는 것. 공부하는 시간은 전자가 더 길지만 공부의 질과 양은 오히려 후자가 더 나을 수 있죠.

문제점4 가장 큰 문제는 사회 구성원들이 행복하지 않다는 것입니다. '이스털린의 역설'이란 경제 이론이 있습니다. 1974년 미국 경제학자 리처드 이스털린이 발표한 이론인데, 돈을 많이 벌어도 행복하지 않을 수 있다는 이론입니다. 소득이 낮을 때는 소득이 늘어날수록 행복도 비례해서 커지지만, 생활 수준이 일정 수준에 이르면 더 이상 소득이 행복을 보장하지 못한답니다. 이게 바로 이스털린의 역설이죠.

이스털린의 역설을 발표하고 30년이 흐른 뒤에 이스털린 교수는 그동안의 변화를 반영해 새 논문을 발표했습니다. 그 논문에서 이스털린의 역설이 꼭 들어맞는 사례로 한국을 들었죠. 한국은 50년 전보다 1인당 국민 소득이 300배 이상 늘었지만 국민이 느끼는 행복감은 그리 높지 않거든요. 유엔의 세계 행복 리포트에 공개된 행복 순위는 56위(2014~2016년 평균)에 그칩니다. 지나친 경쟁, 빈약한 복지, 과도한 노동 시간 등이 원인입니다. 치열한 경쟁 사회에서 살아남기 위해 애쓰는 노력들이 삶의 질을 빠르게 망가뜨리고 있습니다. 건강도, 가족 관계도, 따뜻한 우정도 일 더미 속에 묻혀 버렸죠.

사용자와 정부의 잘못을 떠나서 노동자가 원해서 과도하게 일하는 측면도 있습니다. 그러나 이 역시도 노동자의 잘못이 아닙니다. 잔업 특근이 사라지면 임금이 줄어들까 불안해하는 이들이 있죠. 2020년 3월 기준으로 1~4인의 상용 노동자를 고용한 사업장의 월 평균 임금은 221만 원입니다. 상용 노동자는 1년 이상의 고용 계약을 맺은 노동자를 가리키죠. 221만 원은 상용 노동자 1인 이상을 고용한 사업장의 전체 노동자 월 평균 임금 364만 원의 절반을 조금 넘는 수준입니다. 최저 임금 수준의 시급을 받는 노동자들은 어쩔 수 없이 연장 근로를 통해 수입을 더 늘려야 합니다. 노동 시간 단축으로 '저녁 있는 삶'이 아니라 '저녁 굶는 삶'이 됐다는 자조 섞인 반응이 나오는 것도 그런 이유에서이지요.

기술의 진보와 자동화로 노동 시간이 줄어들지 않는 이유가 뭘까요? 기술의 진보와 자동화가 높은 생산성을 지닌 고임금 노동자와 저임금·저숙련 노동자 간 소득 차이를 더욱 벌리고 있기 때문이죠. 그 결과 '더 많은 노동 시간'을 통해 저임금을 벌충해야 하는 노동자가 많아졌습니다. 열심히 일해도 가난에서 벗어나기 힘든 이들은 더 많이 일해서 어떻게든 수입을 늘리려고 하죠. 그들에게 시간은 돈이고, 몸은 그들이 내다 팔수 있는 유일한 상품입니다. 그들에게 시간이 돈이 아닌 휴식이 될 수는 없을까요? 최저 임금 인상이 중요하다는 점을 다시금 확인할 수 있는 부분입니다.

'워라밸'이라고 들어 본 적 있나요? 'Work and Life Balance'의 줄임말로 일과 삶의 균형을 가리키는 말이죠. 어떻게 하면 워라밸을 이룰 수 있을까요? 간단합니다. 일하는 시간을 줄이고 휴식하는 시간을 늘리면 되죠. 퇴근 시간을 앞당기고 휴가를 보장하는 거죠. 그러면 회사가 돌아가겠냐고요? 노동 시간을 줄인 만큼 새로 사람을 뽑으면 회사(공장)가 돌아가는 데 아무 문제가 없죠. 기존 노동자 입장에서도 과로를 하지 않아서 노동 생산성도 올라가고요. 가령 한 사람이 연장 근무를 포함해서 12시간 일한다고 해 봅시다. 2명이 이렇게 근무하면 총 노

동 시간이 24시간이 나오죠. 이를 세 사람이 나눠서 하면 8시간씩 연장 근무 없이 일할 수 있습니다. 즉 두 사람이 할 일을 세 사람이 나눠서 하면 됩니다.

그러나 회사는 그렇게 하지 않습니다. 사람을 새로 뽑는 것보다 기존 인력을 쓰는 게 비용이 덜 든다고 판단하기 때문이죠. 2명이 12시간(8시간 정상 근무, 4시간 연장 근무)을 일하면 4시간만큼 연장 수당을 줘야 합니다. 즉, 2명에게 연장 수당을 주는 게 1명을 새로 더 뽑아서 임금을 주는 것보다 더 낫다는 겁니다. 1명을 더 뽑으면 기본급, 상여금, 각종 수당, 복지 혜택 등에 교육·훈련 비용까지 들어가죠. 직원이 1명 더 늘어나면 그만큼 부수비용도 늘어납니다. 그래서 3명이 할 일을 2명에게 연장 근무를 시켜 맡기는 거죠. 한국 경제 연구원의 〈근로 시간 단축의 비용 추정〉 보고서에 따르면, 주당 노동 시간을 68시간에서 52시간으로 줄이면 연간 12조 8,000억 원의 비용이 발생한다고 합니다.

당장 들어가는 비용만 놓고 보면 부담일 수 있지만 장기적인 관점에서는 그렇지 않을 수도 있습니다. 대표적인 사례가 시리얼을 만드는 회사 켈로그랍니다. 켈로그는 1930년대 말, 근무 형태를 3교대 8시간에서 4교대 6시간으로 바꿨습니다. 교대 조 하나를 새로 만들면서 노동 시간을 줄인 거죠. 대신 시간당 임금을 인상했습니다. 당연히 비용이 늘어날 수밖에 없었죠. 그로 인해 회사는 더 어려워졌을까요? 켈로그의 실험은 대성공을 거뒀답니다. 5년 뒤 산업 재해는 41%나 줄었고, 노동자는 39%나 늘어났죠. 그렇다면 수익은 어떻게 됐을까요? 이전보다 2배나 늘어났답니다.

휴가 하면 '바캉스'가 떠오르죠. '바캉스'는 프랑스어랍니다. 프랑스에서는 여름 휴가철에 도시가 텅텅 빈다고 합니다. 다들 휴가를 떠나기 때문이죠. 그래서 휴가를 '텅 비다'는 뜻의 '바캉스'로 부른답니다. 유럽에서 '바캉스'는 어떻게 생겨났을까요? '바캉스'는 노동자들이 요구해서 얻어 낸 결실이랍니다. 프랑스에 좌파 정부가 들어서고 역사상 최초로 전 국민 유급 휴가 제도를 법으로 만들었죠. 모든 국민이 직업과 상관없이 유급 휴가를 받을 권리가 있다는 겁니다. 이탈리아는 아예 헌법으로 휴가를 보장하고 있답니다. 오늘날 그들이 당연하게 누리고 있는 '휴식의 권리'도 투쟁을 통해 쟁취했죠. QR 코

| 반면 우리의 휴가는 초라하기 그지없습니다. 통계청에서 실시한 〈국민여가활동조사(2018)〉에 따르면, 한국인 3명 중 1명은 휴가를 가지 못하고 있습니다. 또, 휴가 사용자의 휴가 기간은 6일에도 미치지 못하는 5.4일로 조사됐죠. 유럽 연합은 노동자에게 최소 4주 이상의 연차 휴가를 보장하도록 권고하고 있답니다.

드를 찍어 보세요.

세상의 모든 진보는 끈질긴 투쟁과 요구로 얻어졌습니다. 노동 운동도 마찬가지입니다. 노동 운동사는 노동 조건의 개선, 특히 노동 시간 단축의 역사라 해도 과언이 아닙니다. 지금보다 더 적은 노동 시간을 확보하려면 싸워야 합니다. 이때의 싸움이 누군가를 때리고 무언가를 때려 부수는 일이 아니란 건 길게 설명하지 않아도 되겠죠? 끊임없이 요구하고 설득하며, 때로는 파업을 통해 요구를 관철할 수 있어야 합니다. "싸우는 자는 질 수도 있지만, 싸움조차 하지 않는 사람은 이미 진 것이다." 독일의 시인이자 극작가 베르톨트 브레히트가 한 말을 기억하기 바랍니다.

똑같이 일하고도 월급이 절반이라면?

대부분의 상품에는 유통 기한이 찍혀 있습니다. 언제부턴가 사람에게도 유통 기한이 찍히기 시작했습니다. 언제까지 일할지에 관해서 시한을 두고 노동 계약을 체결하는 거죠. 유통 기한이 지난 음식이 버려지듯이 계약 기간이 끝난 노동자는 버려집니다. 예전에는 정년이 보장됐지만 지금은 정년퇴직 같은 건 생각할 수 없는 수많은 노동자들이 있습니다. 이들은 대개 비정규직입니다. 비정규직은 말 그대로 정규직이 아닌 사람들이죠. 종신형 고용이 정규직과 비정규직으로 이원화된 것은 1997년 외환 위기부터랍니다. 그때부터 비정규직이 급격하게 늘어났죠.

마치 새로운 신분제가 도래한 듯합니다. 금수저와 흙수저, 또 흙수저 안에 다시 정규직과 비정규직이 층층이 나뉘어 있거든요. 간병인, 택배 기사, 방송 작가, 대학 강사, AS 기사, 학습지 교사, 마트 계산원, 보험 모집인, 영화 스태프, 콜센터 상담원 등 직종과 분야를 가리지 않고 많은 사람들이 비정규직으로 일하고 있습니다. 비정규직은 세 가지로 분류합니다. 기간제·계약직의 한시적 노동자, 주 36시간 미만의 시간제 노동자, 파견·용역 등의 비전형 노동자, 이렇게 세 종류의 노동자로 나누죠.

좀 더 자세히 볼까요? 첫째는 계약 기간입니다. 쉽게 말해 정규직과 달리 비정규직은 정년이 보장되지 않습니다. 계약직, 임시직, 일용직 등이 여기에 속합니다(계약직은 보통 1년 단위로, 임시직은 3개월 이내로, 일용직은 매일 계약을 맺습니다). 비정규직의 90% 정도가 여기에 해당합니다. 학교 보안관이 바로 계약직이죠. 둘째는 노동 시간입니다. 알바나 파트타임이 여기에 속하죠. 편의점 알바 노동자가 대표적입니다. 셋째는 소속이죠. 직접 고용된 회사에서 일하면 정규직이지만, 다른 회사에서 파견되거나 용역 회사 소속이면 비정규직이랍니다. 경비원, 청소부, 급식 조리사 등이 대부분 그렇습니다. 이들은 경비 회사나 청소 용역 회사 소속이거든요.

대한민국에서 일할 수 있는 15세 이상 한국인을 다 모아 100명으로 이루어진 마을을 만든다고 해 보죠. 이 마을 사람들은 어떻게 살아갈까요? 마을 사람들 가운데 일하면서 돈을 버는 사람은 62명입니다. 왜 그렇게 적냐고요? 나머지는 어린이처럼 일할 수 없고 자발적 백수처럼 일할 의사가 없는 사람들이죠. 그중에서 정규직이 29명, 비정규직이 16명, 사업체를 운영하는 자영업자는 13명쯤 됩니다.

2019년 8월 통계청 조사에 따르면 전체 임금 노동자 2,055만 명 중 비정규직 노동자는 748만 명, 36.4%에 달한다고 합니다.

비정규직이 많은 게 왜 문제일까요? 우선, 비정규직은 고용이 불안정합니다. 쉽게 말해, 계약 기간이 끝나면 즉시 잘릴 수 있지요. 정규직과 똑같은 일을 하는데 정규직보다 고용이 불안정하다면, 임금을 더 받아야 하지 않을까요? 고용이 불안한 대신 말이죠. 그러나 현실은 정반대랍니다. 비정규직의 임금은 정규직의 임금보다 훨씬 적습니다. 가령 기아자동차 노동자들을

	2015년	2016년	2017년	2018년	2019년
정규직	100	100	100	100	100
비정규직	65.5	66.3	69.3	68.3	69.7

고용 형태별 시간당 임금 총액(%)　　　　　　　　　　　　　　　　고용노동부
(정규직의 시간당 임금 총액을 100으로 봤을 때 비정규직의 총액 비율)

보면 비정규직의 월급은 정규직의 60% 정도입니다. 비정규직은 정규직과 같은 일을 하면서도 더 적은 월급을 받는 겁니다. 분명한 차별이죠.

정규직 노동자 임금을 100으로 했을 때 비정규직 노동자 임금은 위의 표와 같답니다. 이러한 격차는 대기업과 중소기업으로 가면 더 커집니다. 특히 비정규직 중에서도 5인 미만 고용 사업장에서 일하는 노동자들의 처지는 더욱 열악합니다.

2019년 기준으로 300인 이상 사업체(대기업) 정규직 노동자의 시간당 임금은 34,769원이었지만, 비정규직 노동자 임금은 22,429원이었습니다(300인 이상 정규직 대비 64.5%). 300인 미만 사업체(중소기업) 정규직 노동자의 시간당 임금은 19,836원이었지만, 비정규직 노동자 임금은 14,856원이었습니다(300인 이상 정규직 대비 42.7%).

5인 미만 사업장으로 가면 더 열악하죠. 5인 미만 사업체 정규직 노동자의 임금은 14,980원이었지만, 비정규직 노동자 임금은 13,090원에 불과했습니다(300인 이상 정규직 대비 37.6%). 5인 미만 사업장의 비정규직은 대한민국에서 가장 값싼 을입니다. '을 중의 을'이죠.

임금뿐만 아니라 여러 가지 측면에서 차별이 이루어지고 있습니다. 비정규직의 경우에 건강 보험이나 고용 보험, 국민연금과 같은 사회 보험 가입률이 30~40%에 불과하죠. 정규직은 80~90%가 사회 보험에 가입돼 있는데 말입니다. 더불어 보너스, 사내 복지, 경력 개발 등에서도 차별을 받죠. 가령 비정규직 노동자는 자녀를 직장 어린이집에 보낼 수 없답니다. 주 48시간 장시간 노동을 하는 비율도 비정규직이 정규직보다 2배나 더 많습니다.

가장 큰 문제는 비정규직인 탓에 미래를 준비하지 못한다는 점입니다. 이게 왜 문제일까요? 한국의 출산율이 엄청나게 낮다는 사실을 아나요? 한국은 30년 넘게 매우 낮은 출산율을 이어 오고 있습니다. 현재의 출산율이 지속된다면 대한민국은 인구 감소로 2750년경에 사라질 거라고 합니다. 정부는 출산율을 높이기 위해 어마어마한 예산을 쏟아붓고 있죠. 2006~2010년 1차 저출산·고령 사회 기본 계획과 2011~2015년 2차 기본 계획을 통해 약 80조 2,000억 원을 투입했답니다. 이후 2016년 21조 원, 2017년 24조 원, 2018년 26조 원을 쏟아부었죠.

그러나 출산율은 나아질 기미를 보이지 않습니다. 지금까지 정부의 정책이 출산·육아 등에 대한 경제적 지원에 그쳤다면, 이제는 좀 더 근본적인 접근이 필요하다는 반증일 겁니다. 원인에 대한 명확한 진단이 선행돼야 합니다. 출산율이 회복되지 않는 이유가 뭘까요? 애를 낳아 키울 만한 여건이 되지 않기 때문이죠. 갈수록 비정규직이 증가하고 여성의 경제 활동이 늘어나면서 상황이 점점 더 어려워지고 있지요.

아이를 낳는 일은 그저 임신하고 출산하는 것으로 끝나지 않습니다. 필연적으로 그것은 아이를 어떻게 키울지를 포함합니다. 적어도 10~20년 정도 자신의 미래를 계획할 수 있어야 아이를 낳겠다는 결심이 설 수 있겠죠. 748만 명의 비정규직, 1% 상승한 실질 임금. 이것이 의미하는 게 뭘까요? 불안정한 삶에서 아이를 낳아 키우기는 쉽지 않습니다. 출산 기피는 아이를 낳는 것에 대한 두려움보다 키우는 것에 대한 두려움이 크게 작용한 결과랍니다.

비정규직은 자기 미래를 계획하지 못합니다. 불안한 고용, 낮은 임금 등이 결정적이죠. 여기에 주거 불안정도 거들고 있답니다. 벌이가 적고, 일정하지 않으면 주거가 안정되기 어렵습니다. 특히 가파른 집값 상승은 돈 없는 이들에게 큰 부담이 되고 있

죠. 도저히 안정된 삶을 꿈꿀 수 없는 환경이랍니다. 비정규직의 삶이란 물 위를 떠다니는 것처럼 불안정할 수밖에 없습니다.

저출산의 원인으로 여성의 경제 활동도 빼놓을 수 없습니다. 여성의 경제 활동이 증가하면서 비혼, 무자녀, 1자녀 등이 늘어나는 추세랍니다. 첫째로 육아(및 가사)와 일을 병행하는 어려움 때문이고, 둘째로 여성의 일자리 연속성 문제(경력 단절) 때문입니다. 여성에게 모든 부담을 지우다 보니까, 여성 입장에선 가능하면 아이를 낳지 않거나 낳더라도 최대한 적게 낳으려고 하죠. 맞벌이를 하면서 육아와 가사까지 도맡는 건 쉽지 않습니다. 이는 직장 문화와 남성 인식이 변해야 해결될 수 있는 문제입니다. 직장에서는 출산 및 양육을 배려하는 분위기가 조성돼야 하고, 가정에서는 육아 및 가사에 남편이 동참해야 합니다(이는 또한 앞서 살펴본 과도한 노동 시간과도 맞물려 있죠).

노동 문제와 별 관계없어 보이는 저출산 문제가 이렇게 노동과 연결돼 있답니다. 사회 문제가 복잡하게 얽혀 있음을 확인할 수 있죠. 저출산 문제를 해결하기 위한 근본적인 대책이 필요합니다. 그런데 그 대책은 저출산에만 맞춰져서는 안 됩니다. 역설적이지만 저출산을 잊어야 저출산을 해결할 수 있습니다. 저출산 문제는 직접적인 출산 정책만으로는 결코 해결할 수 없

| 흔히 '미혼'이라고 합니다. 미혼(未婚)은 '아직 결혼하지 않다'는 뜻이죠. 결혼을 당연히 해야 하는 것으로 전제하는 미혼 대신 비혼(非婚)이라는 단어를 썼습니다. 비혼은 '결혼하지 않다'는 뜻입니다.

답니다. 여성에게 아이를 낳으라고 아무리 강요하고 권장해도 낳기 어려운 상황이라면 출산율은 회복될 수 없죠.

저출산을 염두에 두지 말고 오롯이 삶의 질을 높이며 성평등을 실현하는 것이야말로 저출산 대책의 첫걸음입니다. 비정규직을 줄이고 사회 복지를 확대하며 양성평등을 구현해야 합니다. 미래가 불안하고 두려운데 아이를 키울 엄두가 날까요? 출산은커녕 결혼 자체가 힘들지요. 결혼을 하더라도 최대한 늦추게 됩니다(결혼이 늦어지면 아이를 적게 낳을 가능성이 더욱 커지죠). 출산율을 높이려면 무엇보다 미래에 대한 불안과 두려움을 없애 주어야 합니다.

앞에서 짧게 '하청 사회'를 다뤘죠? '하청 사회'란 하청에 모든 걸 떠넘기는 사회죠. 하청 사회는 대한민국의 다른 이름입니다. 하청 사회에는 직접 고용 대신 간접 고용이 넘치죠. 직접 고용 노동자는 사용자와 고용 기간을 직접 계약합니다. 그러나 간접 고용 노동자의 고용은 전적으로 원청 업체와 하청 업체의 계약에 달려 있답니다. 업체 사이의 계약 관계가 끝나면 간접 고용 노동자의 일자리가 먼지처럼 사라질 수 있다는 뜻이죠. 간접 고용을 보통 '외주화'라고 표현합니다. 외주(外注)란 바깥에 주문한다는 뜻으로, 자기 회사에서 만들 수 없는 제품이나 부품 따위를 다른 회사에 맡겨 만들게 한다는 말입니다.

비용 절감이 외주를 맡기는 주된 이유랍니다. 비정규직은 정규직에 비해 낮은 임금을 받으니까요. 비용 절감에는 임금뿐만 아니라 사내 복지, 퇴직금 등 무수히 많은 게 포함되죠. 또 경제적 비용 말고도 다른 비용도 있습니다. 가령 산업 재해가 자주 발생하는 건설 사업장은 벌점을 부과받고 과징금 처분, 업무 정지 등에 처할 수 있죠. 그래서 원청 기업은 위험한 작업을 하청 업체에 떠넘깁니다. 이를 '위험의 외주화'라고 부릅니다. 조선소, 지하철역, 건설 현장 등에서 위험한 업무를 단호하게 거절할 수 없는 '을'들이 쓰러져 가는 이유랍니다.

2018년 산업 재해로 숨진 노동자 중 38.8%가 하청 노동자였습니다. 특히 산재 위험이 큰 대형 건설 현장과 조선소는 산재 사망자 가운데 열에 아홉이 하청 노동자였죠. 맹독성 화학물질 처리 등 매우 위험한 작업은 원청에서 1차 하청 업체를 거쳐 2차 하청 업체, 3차 하청 업체로 떠넘겨집니다. 문제가 터지면 원청은 나 몰라라 할 뿐이죠. 모든 책임은 하청 업체가 떠안아야 한답니다.

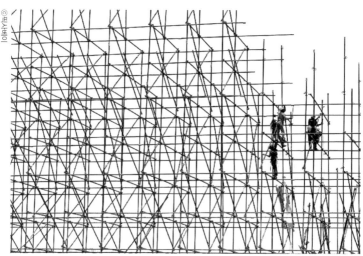

위험은 아래로, 그 아래의 아래로 흘러 영세한 하청 업체에 고인답니다.

외주화의 다른 이유는 언제든 해고가 가능하다는 거죠. 이를 '고용 유연화'라고 표현합니다. 원청 업체는 하청 업체와의 계약 해지를 통해 언제든 노동자들을 정리할 수 있죠. 정규직 직원은 해고가 쉽지 않은데, 외주화를 통하면 쉽게 해고가 가능해진답니다. 여기에는 다른 노림수도 존재하는데요, 바로 '노조 무력화'랍니다. 외주화를 통해 비정규직을 늘리면 비정규직 노동자들은 하청 소속이라 원청 기업의 노동조합에 가입할 수 없죠. 원청 노조 입장에서는 조합원이 더 이상 늘지 않으니까 노조의 힘이 약해질 수밖에 없습니다. 기존 조합원이 나이가 들어 퇴직하면 새 조합원이 들어와야 노조가 유지되는데, 회사가 비정규직만 뽑으니 그게 힘들어지겠죠.

원청 입장에서는 외주화를 통해 비용 절감과 고용 유연화를 달성할 수 있습니다. 그런데 비용이 줄어든다는 건 무슨 뜻일까요? 외주 업체가 기존 업무를 전보다 더 싸게 수행한다는 뜻입니다. 돈을 아끼면 무조건 좋을까요? 비용을 줄이려면 임금도 줄이고 각종 비용도 줄여야 합니다. 여기에는 안전 비용 등도 포함되죠.

2015년 메르스가 확산되면서 38명의 사망자가 발생했습니다. 메르스 사태 때 삼성 서울 병원이 부분 폐쇄 결정을 내리게 만든 결정적인 요인은 137번 환자를 놓친 데서 비롯했습니다. 이 환자는 응급실 이송 요원으로서 용역 업체 직원이라 관리 대상에서 누락됐죠. 바이러스에 감염된 응급실 이송 요원이 9일이나 병원을 활보한 사실이 밝혀지면서, "삼성이 뚫린 게 아니라 국가가 뚫린 것"이라며 당당한 모습을 보이던 삼성 병원은 이후 완전히 '사죄' 모드로 돌아서고 결국 병원의 부분 폐쇄 결정까지 내렸답니다. 그 당시 삼성 서울 병원의 비정규직 비율은 35%에 달했습니다.

외주화와 감염 관리는 반비례하기 마련입니다. 외주화가 광범위하게 이뤄지면 병원은 직원들에 대한 감염 관리가 어렵게 되죠. 외주화 노동자들이 감염 관리망의 빈틈으로 넘나들기 때문입니다. 결국 병원 내 감염 증가는 불 보듯 뻔합니다. 청소부들은 병원 이곳저곳을 돌아다니고, 환자들과 가까이 접촉하는 간병인과 환자 이송 요원들도 통제가 어렵죠. 2003년 대만에서 사스(SARS)가 유행할 당시, 대만 질병 관리 본부는 병원에 외주화 중단을 명령했습니다. 외주화가 병원 내 감염을 확산시킨다고 판단했기 때문이죠. 외주 업체에 떠넘겨진 시설 관리와 세탁 업무로 사스 바이러스가 전파됐거든요.

외주화는 사기업에서 공공 부문까지 확대되고 있습니다. 예를 들어 전 세계 공항 서비스 1위를 자랑하는 인천 국제공항에서 일하는 간접 고용 노동자가 무려 6,318명이나 됩니다. 전체 노동자의 85.9%에 달하죠. 공기업 중에선 한국 마사회(90.9%)에 이어 두 번째로 높습니다. 공공 기관 경영정보 공개시스템에 따르면 국립대 병원의 비정규직 비율은 2008년 5,378명에서 2015년 9,587명으로 두 배 가까이 증가했습니다.

2016년 1월 21일과 29일, 중국인 부부와 베트남인 한 명이 각각 인천 국제공항을 통해 밀입국한 적이 있습니다. 국내로 들어오는 대표 관문이 뚫렸다는 점에서 '보안 구멍'에 대한 우려가 커졌습니다. 밀입국 사태가 발생한 여객 터미널의 면세 구역과 검색장 등 보안 지대의 경비·보안 업무는 3곳의 외주 업체가 나눠서 맡고 있었습니다. 공항의 운영과 보안, 안전 등과 관련한 핵심 업무를 비정규직이 담당했죠. 보안 요원 1,132명, 보안 검색 996명, 구조 소방대 208명에 달했죠. 소속 업체가 다르고, 정규직과 비정규직 간에 이름도 모르는 상황에서 유기적 협력을 기대할 수 있었을까요?

분명 외주화는 비용을 줄여 줍니다. 그러나 위험은 커지죠. 기업이 조금 더 이익을 내려고 꼼수를 쓰는 동안 사회 전반의 위험도 커지게 된답니다. 결국 이익은 위로 향하고, 위험은 아래로 아래로 흐르는 거지요. 도로 위의 시한폭탄인 화물차의 과속, 졸음운전 등도 앞서 살펴본 화물차 외주화와 관련이 있죠. 빠듯한 운송 시간과 운송 단가를 맞추려면 무리한 운행을 할 수밖에 없는 현실이거든요.

청년 실업도 심각한 상황입니다. 그래서 차라리 비정규직으로 취업해서 정규직으로 옮기면 되지 않느냐고 반문하는 사람도 있습니다. 그러나 비정규직은 정규직으로 가는 '사다리'가 아니라 빠져나올 수 없는 '덫'에 가깝답니다. 한번 비정규직이 되면 시간이 흐를수록 정규직 전환은 쉽지 않죠. 중앙일보가 2015년 비정규직 노동자 3,950명을 대상으로 조사한 결과, 비정규직으로 시작한 노동자가 1년 동안 정규직으로 이동한 비율은 15.8%에 불과했습니다. 2년 차 이후 정규직 전환 비율은 10.2%(2년 차), 8.1%(3년 차) 7.9%(4년 차)로 계속 줄어들었습니다.

OECD는 "한국 비정규직들이 다른 나라보다 '일자리의 덫

(trap)'에 갇힐 위험이 더 크다"고 분석한 바 있습니다. 불안정 노동으로 첫 일자리를 얻은 이후 이를 벗어나는 일은 마른 수건에서 물을 짜내는 것처럼 어렵습니다. 첫 일자리가 기간제라면 이후에도 기간제 노동자로, 첫 일자리가 파견직·용역직이면 이후에도 파견직·용역직 노동자로 살아갈 확률이 매우 높습니다. 성별·학력 등에 상관없이 그렇죠. 이처럼 비정규직은 정규직으로 가는 디딤돌이 아니라 걸림돌입니다. 또, 정규직으로 올라가긴 어렵지만 비정규직으로 미끄러지긴 쉽습니다.

"내가 속한 칸은 앞쪽이고 너희들이 속한 칸은 꼬리다(I belong to the front. You belong to the tail)."〈설국열차〉에 나오는 대사랍니다. 꼬리칸에서 앞쪽칸으로 이동할 가능성은 갈수록 줄어들고 있습니다. 통계청의 〈2017년 사회조사 결과〉를 보면, '일생 동안 노력을 한다면 본인 세대에서 개인의 사회 경제적 지위가 높아질 가능성이 높다'고 생각하는 사람은 22.7%에 불과했습니다. 65.0%가 '가능성이 낮다'고 답했죠. 〈비정규직의 직업이동 연구〉에 따르면, 부모가 정규직일 때 자녀가 정규직으로 입사한 비율은 27.4%, 비정규직으로 입사한 비율은 67.8%이었습니다. 반면 부모가 비정규직일 때 자녀의 정규직 입사 비율은 21.6%로 낮아졌고, 비정규직 입사 비율은 77.8%로 높아졌습니다. 비정규직도 대물림되고 있는 상황이지요.

2014년 MBC가 실시한 설문 조사에 따르면 한국 사회의 갈등 가운데 정규직과 비정규직 간의 일자리 갈등이 3위로 조사 됐습니다. 1위가 진보와 보수 간의 이념 갈등, 2위가 빈부 격차로 인한 경제적 갈등이었습니다. 정규직과 비정규직의 갈등은 노사 갈등과 세대 갈등, 지역 갈등보다 더 심각한 갈등으로 조사됐죠. 비정규직 문제는 정규직과 갈등할 문제일까요? 정규직이 높은 임금과 사내 복지를 보장받아서 비정규직이 열악한 처지에 놓인 걸까요?

정규직이 비정규직에 비해 높은 임금을 받는 건 맞습니다. 10년 이상 일한 노동자가 연봉 6,000~7,000만 원을 받으면 안 되나요? 정규직 노동자들에게 평균 6,000~7,000만 원의 연봉을 주다가 쓰러진 대기업이 있을까요? 대기업은 정규직 노동자들에게 그만큼의 임금을 주면서도 막대한 이윤을 남기고 사내 유보금을 늘리고 있습니다. 즉, 대기업들은 돈이 없어서가 아니라 더 많은 이윤을 내기 위해서 비정규직을 늘리고 있죠. 결국 정규직이 비정규직에 갈 몫을 가로채는 게 아닙니다. 비정규직 문제는 정규직 때문이 아니랍니다.

정규직과 비정규직, 다시 말해 을과 을이 갈등할 문제가 결코 아니죠. 그렇다면 을과 을의 갈등처럼 생각하는 이유가 뭘까요? 갑의 술수입니다. 자본은 높다란 성채를 쌓고서는 성의 안팎을 구분합니다. 성벽 안쪽에는 더 안정적인 정규직의 삶이, 바깥에는 불안정한 비정규직의 삶이 있습니다. 성 바깥으로 버려진 이들은 성의 안쪽을 노려봅니다. 그러나 안팎을 구분하고 경계를 나눈 것은 성벽 안쪽 사람들이 아닙니다. 성벽 안쪽 사람들이 성문을 걸어 잠근 채 버티고 있는 게 아니죠.

성벽 안의 사람들과 성벽 밖의 사람들을 누가 나눴을까요? 안팎을 나눈 것은 성주이자 성 그 자체인 자본입니다. 그러나 자신의 정체를 알아채지 못하게 하려고 자본은 을들끼리의 싸움을 끊임없이 부추기죠. 자본이 손발을 직접 움직여 그렇게 하는 건 아닙니다. 현실에서는 경제 신문과 같은 언론이 그런 역할을 담당한답니다. 그런 신문들의 막강한 후원자가 재벌 대기업을 비롯한 기업들이죠. 비정규직 확대로 인건비를 줄인 과실과 경제 성장에 따른 혜택을 온통 독차지한 것이 재벌 대기업이죠.

여러분은 그저 공부 열심히 하고 좋은 대학 가면 그만이라고 여길지 모릅니다. 그래서 비정규직 문제를 나랑 전혀 상관없는 일로 치부할 수 있죠. 다음은 오래전 신문 만평입니다.

그때나 지금이나 좋은 대학을 나온다고 고용이 보장되는 게 아닙니다. 어렵사리 대기업 정규직이 된다 해도 '철 밥통'이 아니죠.

평생직장의 개념은 사라졌습니다. 대기업에 다녀도 승진을 못하면 퇴직을 강요받죠. 한국은 OECD 회원국 가운데 고용이 매우 불안정한 초단기 근속의 나라랍니다. 평균 근속 연수(한 직장에서 계속 근무한 기간)가 5.8년으로 OECD에서 가장 짧은 편입니다. 이런 상황에서도 우리는 각자 살 궁리에만 바쁘답니다. 어떻게 하면 비정규직이 아니라 정규직이 될 수 있을지 궁리하고 또 궁리하면서요. 개인적으로 정규직이 되기 위해 노력할 수 있지만, 더 중요한 것은 비정규직 문제가 사회 구조적 문제라는 인식을 가지고 경제 구조를 바꾸기 위해 힘을 모아야 한다는 겁니다.

여러분이 비정규직 문제를 굳이 알아야 하는 이유가 뭘까요? 앞서 지적한 대로 비정규직이 748만 명이나 됩니다. 전체 임금 노동자의 절반 정도죠. 이 말은 여러분이 자라서 비정규직이 될 가능성이 50%라는 의미랍니다. 나만 그 절반에 들지 않으면 그만일까요? 일하는 사람의 절반이 불행한 사회에서 나머지 절반이라고 마냥 행복할까요? 남의 불행을 나의 행복으로 생각하지 않는다면 그럴 수 없겠죠. '절반'이라고 표현했지만, 사실 절반도 넘는답니다. 왜냐하면 2017년 기준으로 청년 신규 취업자의 비정규직 비중은 64%에 달했거든요. 게다가 정규직에서 비정규직으로 이동하는 경우도 많습니다. 비정규직은 정규직의 미래입니다. 우리가 비정규직 문제에 관심을 가져야 할 이유이지요. 남의 문제가 아니라 바로 우리의 문제라는 겁니다.

"빨리 가려거든 혼자 가고, 멀리 가려거든 함께 가라"는 아프리카 속담이 있습니다. 이렇게 비정규직이 많으면 이 사회는 오래 못 갑니다. 노동자가 미래를 꿈꿀 수 없는 사회는 미래가 없습니다. 여러분이 성인이 될 때쯤에는 비정규직 문제가 저절로 해결될까요? 사회 문제가 '저절로' 해결되는 법은 결코 없습니다. 모두가 관심을 갖고 바꾸려고 할 때 사회는 바뀐답니다. 여러분도 이 사회의 구성원입니다. 교복을 입었다고 시민이 아닌 게 아니죠. 여러분은 교복을 입은 시민입니다. 우리가 속한 공동체 문제에 보다 적극적으로 관심을 가져야 합니다.

열심히 일해도 가난한 이유가 뭘까?

　네덜란드 경제학자 얀 펜(Jan Pen)은 《소득 분배》(1971)라는 책에서 소득 불평등을 한눈에 파악할 수 있는 재미있는 방법을 제시했습니다. 얀 펜이 제시한 방법은 소득이 있는 모든 사람이 출연하는 가상의 행렬입니다. 이 행렬에 등장하는 이들의 키는 자기 소득에 비례하죠. 쉽게 말해, 평균 소득 이상인 사람은 평균보다 더 큰 키로, 평균 소득 이하인 사람은 평균보다 더 작은 키로 나타내죠. 행렬은 키가 작은 순서대로 1시간 동안 이어집니다.

　맨 먼저 등장한 이는 땅속에 머리를 파묻은 채 나타납니다. 소득이 마이너스인 사람들이죠. 그들은 빚에 짓눌려 머리가 땅에 박혀 있습니다. 다음으로 월 소득이 몇 십만 원에 불과한 소인국(小人國) 사람들이 등장합니다. 그들 역시 개미처럼 땅바닥에 바짝 붙어 있습니다. 한참 뒤에 등장하는 이들도 키가 1m가 되지 않는 난쟁이들이죠. 영세 상인, 비정규직 등입니다. 시간이 흐르면서 키는 완만하게 커집니다. 그러나 여전히

거인(The Giant), Francisco De Goya(1808)

ⓒ위키미디어 공용

평균 키의 사람은 보이지 않습니다.

한국은 평균 키를 지닌 사람이 42분이 지나서야 등장합니다. 얀 펜이 조사한 영국은 48분이 지나고서야 평균 키가 나타났습니다. 평균 키가 등장한 이후부터 행렬의 키는 짧은 시간에 가파르게 커집니다. 54분이 되면 2m가 넘는 키다리들이 등장하기 시작하죠. 그리고 10m가 넘는 거인들이 나옵니다. 상위 0.1%의 키는 35m를 넘습니다. 마지막 몇십 초를 남겨 두고는 그야말로 '진격의 거인'이 등장합니다. 상위 0.01%의 키는 100m를 넘죠. 행렬의 맨 마지막에는 머리에 구름을 이고 있는 이들이 몇 명 등장합니다.

 왼쪽의 QR 코드를 찍고 자신의 소득을 입력하면 얀 펜이 제시한 소득 행렬을 한국에 적용한 행진 대열에서 자신의 위치를 확인할 수 있답니다.

여러분들은 혹시 워킹푸어(working poor)라고 들어 봤나요? 열심히 일하는데도 늘 가난한 사람들을 일컫는 말이지요. 낮은 소득과 잦은 실직이 원인이죠. 우리나라에는 대략 450만 명의 워킹푸어가 있는 것으로 추산됩니다. 극소수를 제외하고 대부분의 사람들이 구조의 아래층에서 허우적댑니다. 한국은 OECD 회원국 중 소득 불평등이 3위랍니다. 소득 상위 10%의 소득을 하위 10%의 소득으로 나눈 '소득 10분위 배율'이 4.79배로 미국(5.04배), 이스라엘(4.91배)에 이어 세 번째로 높았습니다. 열심히 해도 생활이 달라지지 않는 사회는 절망적입니다.

GDP라는 게 있죠. 국내 총생산의 줄임말입니다. 쉽게 말해, 대한민국 전체가 1년 동안 번 돈이라고 생각하면 됩니다. 그걸 인구수로 나누면 1인당 GDP가 나오죠. 한국인의 1인당 GDP 는 3,900만 원입니다(2018년). 만약 3인 가족이라면 1억 1,700 만 원, 4인 가족이라면 1억 5,600만 원이 되겠죠. 그런데 현실은 어떤가요? 여러분 가족의 수입은 1억 원이 넘나요? 그런 집도 있겠지만, 아닌 집도 많을 겁니다. 1억 1,700~5,600만 원과 우리 집 수입의 격차는 어디로 사라져 버린 걸까요? GDP와 현실의 격차는 어디에서 온 걸까요?

스크루지 이야기로 알려져 있는 《크리스마스 캐럴》(1843)을 쓴 찰스 디킨스의 작품 중에 《어려운 시절》(1854)이라는 작품이 있지요. 거기에 씨씨라는 어린 학생이 선생님과 대화하는 내용이 나옵니다. 선생님이 "우리 학급을 하나의 국가라고 가정하자. 이 국가에 1,000억 원의 돈이 있다면 이 국가는 부유한 국가가 아니냐? 국가는 부유한 나라이고, 너는 부자 나라에 사는 게 아니냐?"라고 물었죠. 그러자 씨씨는 이렇게 답합니다. "누가 돈을 갖고 있는지, 그리고 그중 얼마라도 제 돈인지 아닌지를 모른다면 부유한 나라인지 아닌지, 제가 부자 나라에 사는지 아닌지 알 수 없어요."

씨씨의 얘기처럼 국가 전체의 부(富)의 규모가 크다고 해서 국민이 고루 잘사는 건 아닙니다. 대한민국이 100명으로 이루어진 마을이고, 이 마을의 전체 재산이 100만 원이라고 해 보죠. 이 마을에선 단 1명이 26만 원의 재산을 갖고 있습니다. 그다음 4명이 24만 원의 재산을 소유합니다. 벌써 5명의 사람이 마을 재산의 절반을 차지한 셈이죠. 그리고 5명이 15만 원을, 40명이 32만 원을 나눠 갖습니다. 이제 남은 사람은 50명입니다. 이들이 가진 재산은 얼마일까요? 3만 원에 불과하답니다. 앞에서 만 원 단위로 재산을 제시했는데, 천 원 단위까지 계산하면 정확히는 2만 7,000원이 됩니다. 그러니까 마을의 절반이 고작 3만 원도 되지 않는 돈을 놓고 경쟁하는 셈이죠.

잠시, 전 세계로 눈을 돌려 볼까요? 국제 구호 단체 옥스팸 (Oxfam)은 2016년 기준으로, 세계 최고 부자 8명이 가진 부(富)가 지구상 70억 인구의 절반이 가진 재산과 맞먹는 수준이라고 밝혔습니다. 80만 명이 아니라 고작 8명입니다. 세계 인구 절반의 재산에 맞먹는 부를 가진 사람은 2010년에 388명이었습니다. 그 숫자는 2011년 177명, 2012년 159명, 2013년 92명, 2014년 80명, 2015년 62명으로 매년 줄었고 급기야 2016년에 8명이 됐죠. 얀 펜의 행렬에서 머리에 구름을 이고 등장한 거인들이 바로 그들이랍니다. 8명이 전부(全部)를 가졌다면 35억 명은 가진 게 전무(全無)하죠.

세계 하위 50%의 부는 2010년 2조 5,000억 달러가 넘었으나 2015년에 1조 8,000억 달러로 쪼그라들었죠. 같은 기간에 62명의 부는 5,000억 달러 이상 늘어나 1조 8,000억 달러가 됐습니다. 놀라운 것은 이 거부(巨富)들이 재산의 1%만 기부해도 전 세계 모든 초등학교에서 무상 교육이 가능하다는 사실이죠. 이 것이 과연 정의일까요? 극소수의 부자들이 부를 독차지하는 현실을 정의롭다고 할 수 있을까요? 간디는 "The Last, The First." 라고 말했답니다. 가장 마지막에 놓인 사람을 가장 먼저 배려하라는 뜻입니다. 가장 낮고 후미진 곳에 있는 사람들을 가장 먼저 고려하는 것이 사회 정의에 가깝다 하겠죠.

세계에는 두 개의 얼굴이 있습니다. 풍요의 얼굴과 빈곤의 얼굴입니다. 한쪽에는 평생 다 써도 못 쓸 돈이 넘쳐 나는데, 반대쪽에는 돈이 없어 굶어 죽는답니다. 식량 생산량은 전 인류가 먹을 소비량의 2배 이상인데, 한편에서는 10억 명이 기아에 허덕이고 있습니다. 우리가 사는 세상은 왜 이렇게 사회 정의에서 한참 멀어지게 되었을까요? 여기서 우리는 자본주의에 주목하게 됩니다. 자본주의 사회는 자본이 중심인 사회입니다. 좀 더 풀어 보면 "생산 수단을 자본으로 소유한 자본가가 이윤 획득을 위하여 생산 활동을 할 수 있도록 보장하는 사회 경제 체제"랍니다.

자본주의라는 말 속의 '자본'은 무엇을 뜻할까요? 자본은 돈과 같을까요, 다를까요? 돈이 모여 자본이 되지만, 모든 돈을 일컬어 자본이라 부르지는 않습니다. 또 모든 자본이 돈인 것도 아니죠. 무슨 말이냐고요? 용돈, 생활비 등은 자본이 아닙니다. 반면에 자본금, 사업 자본, 이런 말들에는 자본이 들어 있죠. 이때 자본은 돈을 버는 수단으로서 돈을 가리킵니다. 가령 1만 원을 주고 야구표를 사서 야구를 보면 돈, 야구를 보는 대신 표를 구하지 못한 사람에게 되팔면 자본이 됩니다. 즉 자본은 돈을 벌려고 투자하는 돈입니다. 돈을 버는 돈이 자본이죠. 돈뿐만 아니라 공장 기계나 건물 등도 자본이 될 수 있죠.

자본은 노동자에게 10만큼의 임금을 주고 10 이상의 가치를 만들게 합니다. 가령 노동자가 15만큼 가치를 생산하면 자본은 15−10(임금), 즉 5만큼의 가치를 얻죠. 이를 투자하고 남은 가치라고 해서 잉여 가치라고 부르죠. 잉여 가치가 바로 이윤입니다. 잉여 가치가 화폐로 전환된 것이 이윤이죠. 결국 노동력을 구매하기 위해 투자한 돈은 그 양을 더욱 늘려서 자기에게 돌아오게 됩니다. 칼 마르크스는 이를 가리켜 자본은 "자기를 증식하는 가치"라고 했습니다. 문제는 잉여 가치가 노동자 입장에서는 착취를 뜻한다는 점이죠. 노동자는 자신이 생산한 가치에 대한 대가를 전부 받는 게 아니랍니다. 임금은 노동자가 생산한 가치의 일부에 지나지 않죠.

자본은 자기가 고용한 노동자의 삶에 전혀 관심이 없습니다. 자본의 관심은 오직 자기 증식일 뿐이죠. 즉 자본은 자기 몸집을 키우는 데만 관심을 둡니다. 상품을 생산하고 판매하는 이유는 오직 이윤을 위해서랍니다. 노동자는 그저 자본 축적을 위한 생산의 도구에 지나지 않습니다. 가장 큰 문제는 자본이 인간 위에 군림한다는 점이죠. 오른쪽 그림은 1911년 세계 산업 노동자 동맹이 발행한 신문에 실린 '자본주의 체제의 피라미드'로 알려진 삽화랍니다. 피라미드의 가장 아래쪽을 보세요. 노동자들이 떠받치고 있죠. 그림은 세상을 떠받치는 이가 노동자이고 세상을 지배하는 주체가 자본이라는 사실을 보여줍니다.

열심히 일해도 삶이 나아지지 않는 중요한 원인은 노동 소득 분배율의 악화에 있답니다. 노동 소득 분배율이란 기업이 거둔 전체 소득에서 기업이 가져가는 몫 말고 노동자가 가져가는 부분의 비율을 가리키죠. 지난 30년 간 한국의 노동 소득 분배율은 10%포인트가 하락했습니다. 쉽게 말해 경제가 성장해도 노동자에게 돌아가는 몫이 적다는 뜻이죠. 10%포인트 하락이 어

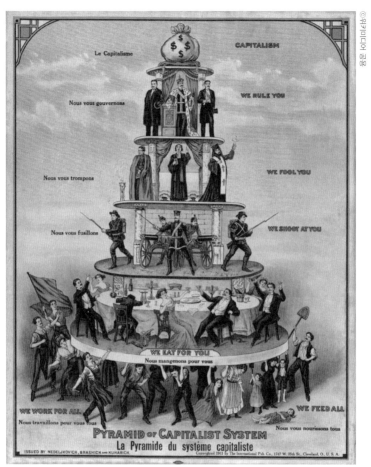

자본주의 체제의 피라미드

느 정도냐고요? OECD의 경우에 노동 소득 분배율이 평균 2%
포인트 하락했죠. 국가 전체 소득에서 기업이 가져간 소득은
1990년 17%에서 2017년 24.5%로 늘었습니다. 반면 같은 기간
에 가계가 가져간 소득은 70.1%에서 61.3%로 줄었답니다.

그 결과 사내 유보금이 엄청나게 늘어나고 있습니다. 2018년 기준, 30대 재벌의 사내 유보금은 883조 원이죠. 사내 유보금이 늘어나는 것과 반비례해서 가계는 점점 더 어려워지고 있답니다. 가계 부채가 나날이 커지고 있거든요. 2018년 가계 부채는 1,531조 원에 달합니다. 기업의 곳간은 넉넉해졌지만, 가계의 곳간은 정반대인 셈이죠. 가계 부채의 원인이 기업의 사내 유보금 증가만은 아니겠지만(양질의 일자리 부족, 자영업의 포화 상태, 부동산 가격 폭등 등), 기업이 거둔 막대한 이익이 사회에 골고루 퍼지지 못한 것도 중요한 원인이죠. 좋은 일자리가 부족해 자영업이 포화 상태에 이른 것도 기업이 수익을 내는 만큼 좋은 일자리를 만들지 않은 결과이니까요.

낙수 효과라는 게 있습니다. 컵을 쌓아 놓고 위에다 물을 부으면 아래로 넘쳐흐르죠? 마찬가지로 정부가 투자 증대로 대기업의 부를 늘려 주면 결국 그 혜택이 경제 전체로 고루 퍼진다는 이론입니다. 다시 말해, 중소기업과 저소득층에게도 혜택이 돌아간다는 거죠. 그러나 실제로는 그렇지 않을 때가 많답니다. "과거엔 유리잔이 흘러넘치면 가난한 자들에게 혜택이 돌아간다는 믿음이 있었다. 하지만 지금은 유리잔이 가득 차면 마술처럼 잔이 더 커져 버린다." 프란치스코 교황이 한 말입니다. 경제가 좋아져도 기업의 곳간만 가득 찬다는 의미죠.

그래프에 나온 것처럼 노동 생산성은 꾸준히 향상되고 있지만 실질 임금은 완만하게 상승하고 있죠. 쉽게 말해, 같은 노동량을 투입해서 더 많이 생산하고 이윤을 내는데, 임금은 조금씩 오른다는 얘기죠. 1997년 IMF 외환 위기 이전까지는 노

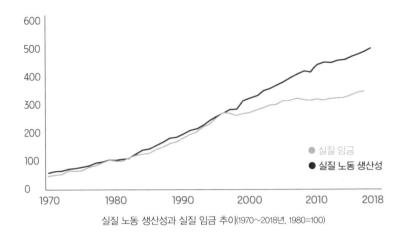

실질 노동 생산성과 실질 임금 추이(1970~2018년, 1980=100)

● 실질 임금
● 실질 노동 생산성

동 생산성이 늘어나는 만큼 임금도 올랐습니다. 그러다 외환 위기 이후부터 둘의 격차가 급격히 커졌습니다. 실질 임금 상승률은 경제 성장률의 절반에 그쳤죠. 2000년부터 2016년까지 연평균 경제 성장률은 4.18%에 달했지만, 같은 기간 실질 임금 상승률은 2.52%에 그쳤답니다.

게다가 임금이 오르긴 하는데 물가에 비해 쥐꼬리만큼만 오릅니다. 한국은행에 따르면 2017년 실질 임금 상승률은 0.8%에 불과했습니다. 같은 기간 생활 물가 상승률은 2.5%에 달했죠. 임금 상승이 물가 상승률보다 못하면 임금이 오르지 않은 것과 같습니다. 예를 들어 100을 벌어 80을 지출하는 사람이 있습니다. 그 사람의 임금이 100에서 110으로 올랐습니다. 그런데 만약 전과 똑같이 생활하는데, 즉 소비하는데 물가가 올라서 지출이 80에서 100으로 늘었습니다. 그 결과 예전에는 20(100-80)만큼 남았는데 지금은 10(110-100)밖에 남지 않는다면 과연 임금이 올랐다고 말할 수 있을까요? 오히려 임금이 줄어든 거죠. 월급은 쥐꼬리만큼 오르고, 그마저도 금세 더 오른 물가가 잘라먹는답니다.

여기에 더해 주택 마련, 사교육 등에 들어가는 비용이 갈수록 늘어나고 있습니다. 분당구 서현동 우성아파트가 처음 입주를 시작한 게 1991년이죠. 당시 32평 아파트 가격은 5,166만 원이었습니다. 28년이 지난 2019년 같은 아파트의 가격은 9억 8,000만 원이 됩니다. 1991년 2인 이상 도시 가구 월평균 소득은 247만 원이었고, 2019년은 466만 원이죠. 1991년에 평균적인 취업자가 이 아파트를 사려면 2년 정도 한 푼도 쓰지 않고 모으면 됐습니다. 월급의 절반을 쓰고 절반을 모은다면 4년이 걸렸죠. 2019년에는 입주한 지 28년이 지난 낡은 아파트를 사려 해도 15년 이상 한 푼도 안 써야 합니다. 월급의 절반을 모으면 무려 30년이 걸립니다.

'근면한 노동과 정당한 보상'이라는 공식은 어디까지나 환상에 불과하답니다. 1983년에서 1997년 사이에 미국 노동자의 생산성은 17% 상승했습니다. 반면에 부의 점유율은 3.1% 하락했죠. 쉽게 말해, 더 많이 생산하고 더 적게 받은 겁니다. 열심히 일한 만큼 더 부유해진 게 아니라 상대적으로 더 가난해졌죠. 반면에 CEO와 노동자의 임금 격차는 엄청나게 커졌습니다. 미국 CEO들과 노동자들의 평균 보수 격차는 1960년대에는 12배, 1974년에는 35배, 1980년대에는 42배, 1990년대 초반에는 84배, 1990년 중반에는 135배, 1999년에는 400배, 2000년대에는 531배가 됐죠.

CEO 대 노동자의 보수가 10배에서 500배가 됐다면 미국 CEO들이 1960~1970년대에 비해 50배나 더 뛰어난 걸까요? 그렇게 말하기는 어렵죠. 좋은 교육과 훈련 덕분에 미국 CEO들의 능력과 자질이 전반적으로 좋아졌을 수는 있지만, 한 세대 만에 이전 세대 CEO들에 비해 능력과 자질이 50배나 더 향상되기는 어렵습니다. 비유하자면 IQ가 한 세대 만에 130에서 6,500이 될 순 없겠죠. "모든 동물은 평등하다. 그러나 몇몇 동물은 다른 동물보다 더 평등하다." 조지 오웰의 《동물농장》(1945)에 나오는 말입니다. 높은 보수를 받는 CEO들이 바로 그런 몇몇 동물에 가깝죠. CEO들이 받는 높은 보수는 몇몇 인간만의 평등, 즉 특권을 보여 주죠. 마치 모두가 능력만큼 평등하게 임금을 받는 것처럼 말하지만 현실은 전혀 그렇지 않죠.

기업이 거둔 이익은 오롯이 기업의 것일까요, 아니면 노동자와 나눌 수 있을까요? 어느 쪽이 옳을까요? 여기서 노동자 개인이나 어느 한 기업만의 유불리가 '옳음'을 판단하는 기준이 되어서는 안 됩니다. 그보다 어느 것이 사회 전체에 이로운지 따져 봐야겠죠. 임금이 오르면 기업의 인건비 부담이 늘어나는 건 맞습니다. 그러나 기업을 넘어서 사회 전체로 확대해 보면 얘기가 달라지죠. 기업 부담을 제외하면 임금 상승은 경제적 해로움이 거의 없습니다. 노동자에게 좋고 임금이 늘어나 소비가 늘면 자영업자도 이익이죠. 정부 입장에서도 세수, 즉 정부 수입이 늘어나니 좋겠죠. 한국처럼 노동 소득 분배율이 갈수록 떨어지는 사회에서는 더더욱 그렇겠죠.

기업의 이익을 왜 나눠야 할까요? 노동에 대한 대가로 임금을 지급하면 충분하지 않냐고요? 우선 링컨의 말부터 들려주죠. "노동은 자본에 선행하며 독립적이다. 자본은 노동의 아들이며, 노동 없이는 애당초 존재조차 않을 것이다. 노동은 자본보다 우위이며, 더 우대받을 자격이 있다." 혹시 '노동 4권'에 대해서 들어 본 적 있나요? 1948년 제정된 제헌 헌법은 18조에서 노동 3권이 아니라 노동 4권을 보장했습니다. 노동 3권에 '이익 분배 균점 권리'가 더해져 노동 4권이 됐죠. 쉽게 말해 노동자들 역시 회사의 이익을 나눠 가질 권리가 있다는 겁니다.

더 나아가 기업은 벌어들인 이익을 사회와 나눠야 합니다. "개인적으로 나는 지금까지 벌어들인 돈의 많은 부분이 내가 몸담고 있는 사회가 벌어 준 것이라 생각합니다." 세계 최고의 부자 중 한 명인 워런 버핏이 한 말이죠. 미국인들은 더 나은 기술과 지식, 조직, 제도, 문화, 인프라 등을 갖춘 환경에서 일한 덕분에 다른 나라 사람들보다 더 좋은 성과를 낼 수 있는 거지요. 이 모든 것은 그들 자신이 만든 게 아니라 선대(先代)에게 물려받은 것들입니다. 여러 세대에 걸쳐 축적된 집단적인 노력의 결과죠. 부(富)를 창출하는 데 개인들이 아무런 노력을 하지 않았다는 게 아니라, 부의 창출을 가능케 한 사회 시스템에 개인들이 기여한 바가 거의 없다는 뜻입니다.

지금의 GE(제너럴 일렉트릭)의 모태인 에디슨의 전기 회사를 봅시다. 여기에는 에디슨이라는 걸출한 발명가가 있었죠. 그러나 에디슨의 천재성만으로 성공했던 게 절대 아닙니다. 에디슨이 지식을 얻고 실험을 한 과학 인프라, 함께 일한 경영진·기술자·노동자 등을 길러 낸 교육 시스템, 회사를 키우는 데 필요한 막대한 자금을 제공한 금융 시스템, 새로운 기술을 보호해 준 특허법과 저작권법, 커다란 조직의 기업을 설립할 수 있도록 지원한 회사법 및 기타 상거래 관련 법률, 물건을 실어 나르고 유통할 수 있도록 해 준 도로와 철도, 항만 등의 사회 간접 자본 시설 등 다양한 사회 환경의 뒷받침이 없었다면 에디슨의 성공도 불가능했을 겁니다.

열심히 일해도 가난을 벗어나지 못하는 사람들을 지원할 또 다른 방법은 사회 임금(사회 임금 중 현금 급여는 '이전 소득'이라고도 함)입니다. 사회 임금이란 노동자들이 직장에서 임금을 받듯이 사회로부터 교육, 의료, 주택 등으로 공급받는 재화와 서비스를 의미합니다. 사회 임금의 구체적 형태는 국민연금, 실업 수당, 건강 보험 급여, 보육 지원금, 기초 생활 보장 급여 등입니다. 노동한 대가로 임금을 주는 게 아니라 그냥 돈을 주냐고요? 그렇지 않습니다. 가사·돌봄·봉사·창작·연대·정치 참여 등이 모두 넓은 의미의 일입니다. 놀고먹는 사람들에게 그냥 주자는 게 아니라 사회가 굴러가게끔 기여하는 사회 구성원들에게 돌려주자는 겁니다.

자본주의는 필연적으로 빈부 격차와 양극화를 낳습니다. 이를 완화하는 방법으로 여러 국가들이 사회 임금을 활용한답니다. 노동자의 부족한 임금을 사회 임금으로 채워 줄 수 있거든요. **사회 임금이 어느 정도인가에 따라 복지 국가의 수준이 결정된다고 말해도 틀리지 않습니다.** 2012년 기준으로, 한국의 사회 임금은 가처분 소득(세금 등을 다 내고 남은, 직접 쓸 수 있는 돈)의 12%에 불과했습니다. OECD 평균은 40.7%에 달했고 스웨덴

(51.9%), 프랑스(49.8%), 독일(47.5%), 영국(37.8%), 미국(25%) 순이었습니다. 하지만 한국은 OECD 회원국 평균의 3분의 1에도 못 미쳤죠.

사회 임금의 비율이 높다는 것은 다른 말로 공공 사회 복지 지출이 많다는 뜻입니다. 보건·주거·가족·노인·실업·일자리 등에 많은 예산을 투입한다는 거죠. 2018년 기준으로 GDP 대비 사회 복지 지출 비중이 가장 큰 국가는 프랑스로 31.2%였습니다. 다음으로 벨기에(28.9%), 핀란드(28.7%), 덴마크(28.0%), 이탈리아(27.9%), 오스트리아(26.6%), 스웨덴(26.6%), 독일(25.1%) 등이 뒤를 이었답니다. 반면에 한국은 11.1%로 OECD 회원국 가운데 가장 낮은 수준을 보였죠.

숨이 턱턱 차오를 정도로 뛰어도 제자리를 벗어나지 못하는 느낌입니다. 《이상한 나라의 앨리스》에서 붉은 여왕의 나라가 연상됩니다. 앨리스는 죽어라고 뛰는데도 제자리일 뿐이죠. 주변 환경도 계속 앞으로 나아가기 때문입니다. 그래서 가만히 있으면 계속 뒤처지고, 제자리라도 지키려면 죽어라 뛰어야 합니다. 아무리 뛰어도 늘 제자리라면 의심해 봐야 합니다. 혹시 우리도 러닝 머신 위를 달리고 있는 건 아닐까 하고요. 열심히 일해도 가난한 삶은, 열심히 일해서 벗어날 수 있는 게 아닙니다. 그러면 어떻게 해야 할까요?

| 사회 복지 제도가 발달한 나라일수록 간접 소득의 비중이 높습니다. 가령 핀란드 노인들은 전체 소득 중에서 간접 소득이 차지하는 비율이 매우 높죠. 고령 세대 기준으로 전체 소득에서 간접 소득의 비중을 견주어 보면, 한국은 16%에 불과하지만 핀란드는 무려 80%에 달한답니다.

〈설국열차〉에서 남궁민수(송강호)는 "난 앞 칸에는 관심이 없어. 내 관심은 저 옆문을 날려 버리는 거야"라고 말하죠. 어떻게든 나만 앞 칸(성공이나 계층 상승)으로 간다고 행복할까요? 중요한 건 혼자 앞으로 나가는 게 아니라 함께 밖으로 탈출하는 게 아닐까요? 기존의 사회 구조, 즉 시스템에서 벗어나야 합니다. 즉, 러닝 머신을 부숴야 합니다. 러닝 머신 같은 사회 구조를 바꿔야 합니다. 그렇지 않으면 열심히 일할수록 더 가난해지는 상황은 털끝만치도 나아지지 않을 겁니다. 경제 성장이 최종 목적지가 아니라 그 결실을 어떻게 나눌지 머리를 맞대야죠.

성벽 안팎을 칼같이 나누고 그 안팎을 넘나들기 힘든 사회는 희망이 없습니다. 불평등과 양극화, 자본의 횡포와 부의 독점은 수많은 문제를 낳고 있습니다. 겹겹이 싸이고 켜켜이 쌓인 문제들의 결과가 지금의 대한민국이죠. 세계 최저의 출산율, 세계 최고의 자살률, 최장 노동 시간(OECD 2위), 높은 산재 사망률(OECD 1위)…. 지금은 대기업의 창고와 부자의 호주머니를 채울 때가 아닙니다. 현재의 출산율이 유지된다면 대한민국은 2750년경에 지구상에서 사라지게 된답니다. 비정규직이든, 소득 분배든, 최저 임금이든, 대한민국의 운명과 미래가 걸린 아주아주 중요한 문제랍니다.

최저 임금 인상
티끌은 모아도 티끌?

1908년 미국 여성 노동자들은 시위를 벌이면서 '빵과 장미'를 달라고 요구했습니다. 생계를 위해 일할 권리 그리고 인간답게 살 권리를 요구했던 거죠. '빵과 장미'는 일할 수 있는 권리와 인간답게 살 권리를 뜻하거든요. 인간답게 살 권리를 지켜 주는 울타리 중 하나가 최저 임금이죠. 최저 임금은 임금의 최저 선입니다. 만약 임금이 그 밑으로 내려가면 인간답게 살 수 있는 최소한의 조건이 무너지고, 인간의 존엄이 흔들리고 허물어지죠. 그래서 노동의 최소 대가로서 최저 임금이 중요하답니다.

"노동의 가치와 존엄은 바로 우리 자신의 가치와 존엄입니다."
2018년 문재인 대통령이 노동절을 맞아 한 말이죠.

최저 임금은 사용자의 이윤 추구와 노동자의 생존권이 치열하게 충돌하면서 생겨난 제도랍니다. 최초의 최저 임금 제도는 1894년 뉴질랜드에서 처음 생겨났습니다(우리나라로 치면 고종 31년 동학 농민 운동이 일어나던 때죠). 당시 뉴질랜드에서는 직물 산업이 발달했습니다. 공장주들은 임금이 싼 여성과 어린이를 주로 고용했죠. 이들 사회적 약자에 대한 임금 착취가 극심해지자 사회적으로 큰 논란이 됐고, 그 결과 최저 임금제가 탄생했답니다. 100년이 넘는 역사를 가진 최저 임금제는 오늘날 150여 개국에서 시행 중입니다. 핀란드, 오스트리아, 이탈리아 등을 제외한 대부분의 나라들이 채택하고 있다고 보면 되죠.

우리나라도 시행 중입니다. 1953년 제정된 근로 기준법에 최저 임금제 시행 근거를 두긴 했지만, 당시 어려운 경제 상황으로 시행은 못했답니다. 1986년에 처음으로 최저 임금법이 제정되었고 실제 시행은 1988년부터 이루어졌습니다. 당시 전 세계 70여 개국이 최저 임금제를 시행 중이었으니 한국이 경제 수준에 비해 다소 늦었다는 걸 알 수 있습니다. 헌법 제32조 1항은 근로의 권리와 적정 임금을 다음과 같이 규정하고 있죠. "모든 국민은 근로의 권리를 가진다. 국가는 사회적·경제적 방법으로 근로자의 고용의 증진과 적정 임금의 보장에 노력하여야 하며, 법률이 정하는 바에 의하여 최저 임금제를 시행하여야 한다."

한국의 법정 최저 임금은 시간당 8,590원입니다(2020년 기준). 8,590원이면 한 시간 내내 일해야 햄버거 세트를 사 먹을 수 있는 돈입니다. 버거킹 와퍼 세트 가격이 7,900원이거든요. 또, 그 돈으로 베스킨라빈스 파인트 아이스크림(8,200원), KFC 치킨 3조각(7,700원) 등을 사 먹을 수 있죠. 한 끼는 거르고 두 끼를 모두 와퍼 세트로 해결한다면, 하루 8시간 일했을 때 6시간 벌이가 남게 됩니다.

와퍼로 나가는 식비를 제외하면 하루 6시간 벌어서 한 달을 꼬박 모으면 집세, 생필품, 교통비, 통신비, 각종 공과금 등을 전부 해결할 수 있을까요? 저축은 얼마나 할 수 있을까요? 2020년 최저 임금 기준으로, 하루 8시간 일하면 68,000원 정도입니다. 한 주에 40시간, 한 달이면 주휴 수당이 지급되는 주휴 시간까지 포함해 209시간만큼 일해 179만 원을 벌 수 있죠. 어때요? 많아 보이나요? 여러분의 입장에서는 많게 느낄 수 있지만, 성인 기준으로는 생활하기 빠듯한 돈이랍니다. 집세나 생활비는 간신히 충당한다 치더라도, 만약 아이가 있다면 그 돈으로 어떻게 아이를 키울 수 있을까요?

최저 임금은 처음 시행된 1988년 이후 꾸준히 올랐지만 여전히 노동자 평균 임금의 절반에도 미치지 못하는 수준이죠. 한국의 최저 임금은 노동자 평균 임금 대비 41.3%에 불과하거든요(2019년). 반면에 유럽 각국은 이 비율이 50% 내외랍니다. 가령 뉴질랜드는 51%, 프랑스는 48% 정도죠. OECD도 최저 임금을 산정하는 기준으로 노동자 평균 임금의 50%를 권고합니다. 노동자 평균 임금 대비 41.3%는 문재인 정부가 들어서서 최저 임금을 올린 결과입니다. 수년 전까지만 해도 한국의 최저 임금 비율은 OECD 회원국 가운데 멕시코 다음으로 가장 낮은 편에 속했답니다. 평균 임금 총액 대비 41.3%가 어느 정도 인지 잘 와닿지 않죠?

빅맥 지수라는 게 있습니다. 맥도날드의 대표적 햄버거인 빅 맥의 가격을 기준으로 각국의 상대적 물가 수준을 비교하는 지표입니다. 전 세계 거의 모든 나라에 맥도날드 매장이 있고, 빅맥은 전 세계적으로 품질, 크기, 재료가 표준화되어 있어 나 라별 비교가 가능하죠. 만약 최저 임금으로 전 세계 사람들이 동시에 빅맥을 산다면 몇 개씩 살 수 있을까요? 이를 나타내는 지표가 '최저 임금 빅맥 지수'랍니다. 빅맥을 사 먹기 위해 각 나라별로 얼마나 일을 해야 하는지를 나타내는 지표이지요.

2018년 기준, 한국의 최저 임금은 7,530원이었습니다. 최저 임금으로 빅맥 세트 1.18개를 사 먹을 수 있죠. 그나마 최근 최 저 임금이 많이 오른 덕분입니다. 그렇다 해도 아직 선진국에 는 미치지 못합니다. 2018년 기준, 각 나라별 최저 임금으로 살 수 있는 빅맥 세트를 계산해 보면 스웨덴 1.88개, 영국 1.70개, 뉴질랜드 1.43개, 독일 1.41개, 프랑스 1.32개, 벨기에 1.27개 등이거든요. 다시 말하지만, 잘사는 나라니까 그런 게 아니랍 니다. 잘사는 나라는 그만큼 물가도 높기 때문에 그런 격차를 감안한 게 '최저 임금 빅맥 지수'란 사실을 감안하면 그만큼 한 국의 최저 임금이 물가 대비 낮은 수준이란 걸 알 수 있죠.

최저 임금의 결정은 매우 중요한 문제랍니다. 단순히 연례적 으로 임금의 최저선을 정하는 차원의 문제가 아니죠. 최저 임 금에 따라 수백만 명에 달하는 노동자들의 임금과 생활이 달 라지기 때문입니다. 그나마 문재인 정부가 들어서고 조금씩 나

아지고는 있지만, 이전까지 최저 임금은 노동자 평균 임금에 맞춰 오르지 못했습니다. 그렇다면 문재인 정부 이전까지 최저 임금이 오르지 못한 이유가 뭘까요? 하나의 예를 들어 보겠습니다.

"저임금 근로자를 보호하겠다는 취지로 시행된 정부의 최저 임금제가 오히려 일자리만 감소시키는 경우는 정부 실패의 사례라고 할 수 있다." -교학사
"비싸진 임금으로 노동의 수요량이 감소하고 새로이 노동을 공급하려

는 구직자도 늘어나 노동 시장에서 초과 공급, 즉 실업이 발생할 수도 있다.” -비상교육

고등학교 《경제》 교과서에서 최저 임금을 다룬 내용입니다. 하나같이 기업 입장을 대변하고 있죠. “기업이 살아야 노동자도 산다”만 줄기차게 반복하고 있답니다. 정말 교과서의 주장대로 임금을 올리면 기업 경영이 어려워지고 국가 경제가 나빠질까요? 꼭 그렇지도 않답니다. 헨리 포드를 사례로 들어 보겠습니다. 헨리 포드는 포드 자동차를 설립해 누구나 차를 소유할 수 있는 ‘마이카 시대’를 연 인물입니다. 자동차를 엄청나게 많이 판 덕분에 헨리 포드는 인류 역사상 9위의 부자에 올랐습니다.

1914년 헨리 포드는 임금을 하루 2.34달러에서 5달러로 2배이상 올려 세상을 깜짝 놀라게 했습니다. 임금을 2배나 올렸는데 노동 시간은 하루 9시간에서 8시간으로 줄였죠. 당시 일부에서는 고임금이 산업계에 나쁜 영향을 줄 것으로 예상했지만, 결과는 보기 좋게 빗나갔습니다. 임금이 오르자 오히려 이익이 늘어나게 된 것이지요. 노동자들의 생산성과 회사에 대한 충성심이 높아진 결과였습니다. 노동자들은 포드 공장에서 일한다

| 헨리 포드의 행적을 칭찬만 하기는 어렵습니다. 그는 생산 공정에 최초로 컨베이어 벨트를 도입한 인물이기도 합니다. 앞서 살펴본 것처럼 찰리 채플린이 〈모던 타임즈〉에서 비판한 노동 방식이죠. 올더스 헉슬리 역시 헨리 포드에 비판적이었습니다. 헉슬리는 《멋진 신세계》(1932)에서 헨리 포드가 T형 자동차를 대량 생산하기 시작한 1908년을 기원(紀元)으로 삼는 세계를 설정해 미래 사회를 암울하게 그렸습니다.

는 것에 큰 자부심을 가졌답니다. 높은 이직률과 그에 따른 신규 노동자 교육 비용도 크게 줄었죠.

앞서 살펴본 낙수 효과 사례처럼 기업이 잘돼도 노동자들의 삶은 나아지지 않습니다. 낙수 효과는 한물간 유행가랍니다. 오랫동안 구닥다리 유행가가 한국 사회를 지배해 왔죠. 이제 철 지난 레코드를 바꿀 때가 됐습니다. 노동자가 잘돼야 기업도 잘될 수 있다고, 거꾸로 생각할 때가 된 것이죠. 노동자들의 전체 소득이 늘어나서 국내 수요가 증가하면 기업이 성장할 수 있답니다.

현재 시간당 얼마로 정하고 있는 최저 임금을 노동자 평균 임금 대비 얼마로 정할 필요가 있습니다. 매년 임의로 정하는 것보다 노동자 평균 임금의 50%, 이렇게 일정한 가이드라인을 만드는 겁니다. 그래야 전체 평균 임금에 맞춰 자연스럽게 올라갈 수 있겠죠. 노동자 평균 임금의 1/2 수준으로는 높여야 합니다. 다만 갑작스러운 최저 임금 상승으로 인한 기업 부담을 최소화하기 위해서 연도별 목표를 설정하고 단계별로 인상하는 방안을 생각해 볼 수 있겠죠.

더 큰 문제는 최저 임금을 받지 못하는 노동자들이 많다는 점입니다. 2019년 기준으로, 최저 임금을 받지 못하는 노동자가 무려 338만 명이나 됩니다. 전체 노동자의 16.5%에 달하는 숫자죠. 독일(1.8%), 미국(2.7%), 일본(2.7%), 네덜란드(6.6%) 등보다 훨씬 높은 비중입니다(2017년 기준). 기막힌 것은 정부 등 공공 부문에서 일하는 노동자 가운데 15만 명(공공 부문 전체 노동자의 13.5%)이 최저 임금 이하의 임금을 받았다는 사실입니다(2017년). 법정 최저 임금은 말 그대로 법이 정한 임금의 최저 선입니다. 그런데 왜 지켜지지 않을까요?

최저 임금을 지키지 않아도 처벌이 미미하기 때문입니다. 최저 임금 위반 시 '징역 3년 이하 혹은 벌금 2,000만 원 이하'로 처벌받지만, 실제 처벌률은 미미한 수준이죠. 2013년부터 2017년까지 최저 임금을 위반한 사업주가 12,675명인데 실제로 사법 처리된 사람은 201명에 불과했죠. 그중 징역형과 같은 실형을 받은 사람은 고작 6명뿐이었습니다. 반면에 독일은 최저 임금을 위반하면 최대 50만 유로(6억 5,000만 원)의 벌금을 물립니다. 영국은 최저 임금을 어긴 사업주의 명단을 공개하고 15년간 고용 자격을 박탈해 버리죠. 우리도 보다 강력한 처벌이 따라야 합니다.

자영업자들은 어떻게 해야 할까요? 특히 영세한 자영업자들은 어찌해야 할까요? 그들은 최저 임금 인상에 따른 인건비 부담을 호소합니다. 그래서 2018년에 다음 해의 최저 임금 인상을 결정했을 때 종업원 5인 미만 소상공인 업종에 대해 최저 임금을 차등화하는 방안을 요구하기도 했답니다. 당시 많은 언론이 이들의 목소리를 크게 보도했습니다. 반면 언론의 관심을 받지 못한 이들이 있었죠. 대다수 언론이 소상공인의 어려움만 부각할 뿐 정작 열악한 사업장에서 근무하는 노동자들의 어려움은 별로 다루지 않았답니다.

5인 미만의 노동자를 고용하고 있는 소상공인들의 어려움은 이해되지만, 그들의 열악함을 덜어 주려고 더 열악한 이들을 희생시키는 게 온당할까요? 앞서도 지적한 것처럼 5인 미만 사업장에서 일하는 노동자들은 근로 기준법의 보호를 온전히 받지 못하고 있습니다. 그나마 보호받는 것 중 하나가 최저 임금인데, 그마저 무력화한다면 그들은 정말로 '을 중의 을'로 전락하게 될 겁니다. 영세 자영업자들의 어려움은 충분히 이해하지만, 그들의 어려움을 더 어려운 이들에게 떠넘겨선 안 되죠.

자영업자들이 겪는 어려움은 복합적입니다. 최저 임금만의 문제가 아닙니다. 2018년 최저 임금 인상이 결정되고 가장 격렬하게 반대한 이들은 편의점 주인들이었습니다. 이들을 놓고 얘기해 보죠. 편의점 주인들이 어려움을 겪는 주된 이유가 뭘까요? 인건비 때문만은 아니죠. 같은 브랜드끼리는 250m 이내 거리에 점포를 못 두도록 제한합니다. 그러나 브랜드가 다르면 아무 제한이 없죠. 결국 출혈 경쟁이 될 수밖에 없는 구조입니다. 국내 5대 편의점 프랜차이즈 점포 수만 4만 개에 달한답니다. 출혈 경쟁, 가맹점 수수료, 높은 임대료 등 문제가 겹겹이 얽혀 있죠.

또 다른 문제는 자영업자가 지나치게 많다는 것입니다. 서울 지하철 대림역 근처에만 300개가 넘는 치킨집이 있습니다. 네이버 지도 검색창에 '대림역 치킨집'을 치면 치킨집만 327개가 검색됩니다. 2020년 7월 기준, 자영업자는 555만 명, 무급 가족 종사자는 109만 명입니다. 전체 취업자(경제 활동 인구 2,824만 명−실업자 114만 명) 중 20.4%를 차지합니다. 2014~2018년 5년간 한국은 OECD 국가들 중에서 자영업자 비중이 5위에 달했습니다.

자영업자가 왜 이렇게 많을까요? 자영업을 하면 돈을 잘 벌어서요? 아닙니다. 마땅한 일자리가 없기 때문입니다. 자영업자가 지나치게 많다 보니 영세 자영업자들끼리 과당 경쟁을 할 수밖에 없는 구조이지요. 그 외에도 상가 임대료, 가맹점 수수료, 카드 수수료 등이 대표적인 부담입니다.

자영업자가 장사를 하려면 크게 임대료, 인건비, 재료비(카드 수수료 포함) 이렇게 세 가지 비용이 듭니다(프랜차이즈의 경우에는 가맹점 수수료가 추가되죠). 그중에서 임대료는 계속 치솟죠. 결국 자영업자 입장에서는 인건비와 재료비를 아껴야 합니다. 그런데 재료비는 뻔합니다. 아무리 줄이더라도 원자재 없이 장사할 순 없으니까요. 가령 빵집에서 밀가루를 턱없이 아낄 순 없죠. 결국 남는 건 인건비뿐입니다. 인건비를 묶어 두거나 어떻게든 더 줄이려고 발버둥 칠 수밖에 없는 구조랍니다. 낮은 인건비와 높은 임대료(프랜차이즈는 가맹점 수수료까지)의 상관관계가 여기에 있답니다.

건물주는 가만히 앉아서 세입자가 피땀 흘려 일한 대가를 받아먹습니다. 김밥을 사 먹으면 김밥 값의 일부가 건물주의 주머니로 흘러갑니다. 그러나 김밥이 만들어지는 과정에서 건물주가 한 일은 아무것도 없죠. 그저 가만히 앉아서 임대료를 챙길 뿐입니다.

"토지 소유자는 자신이 '한' 일이 아니라 토지에 대한 소유권을 가지고 있다는 사실 때문에 보상을 받는다." 노벨 경제학상을 수상한 조지프 스티글리츠가 한 말입니다. 가진 자의 여유는 없는 자들의 노동과 희생을 먹고 자라는 것이지요.

식당의 밥값, 술집의 술값, 옷 가게의 옷값 등 거의 모든 것에 상가 임대료가 포함되어 있죠. 세입자가 땀 흘려 일한 대가가 땀 한 방울 흘리지 않은 건물주에게 가는 겁니다. 한마디로 세입자는 건물주의 봉인 셈입니다. 이런 사태를 꼬집어 "조물주 위에 건물주"라는 농담까지 생겨났죠.

건물주에 짓눌린 영세 자영업자나 소상공인들의 경영난을 해결할 방안을 찾는 건 필요합니다. 그러나 경영난의 짐을 최저임금 차등화로 노동자들에게 떠넘겨선 안 되죠. 상가 임대료, 가맹점 수수료, 카드 수수료 등을 인하하거나 조정하는 쪽으로 가야 합니다.

일부 사람들은 거대한 성벽 안에 삽니다. 성벽 안에 들어가면 안락한 생활이 보장되죠. 성벽의 안팎을 나누는 기준은 여

가르강튀아(Gargantua), Honoré Victorin Daumier(1831)

럿입니다. 지금까지 대기업과 하청 업체, 정규직과 비정규직 등을 중심으로 성벽 안팎을 살폈는데, 고액 자산가와 서민, 고액 상속자와 비상속자 등도 성벽의 안팎에 나뉘어 살아갑니다. 자산의 큰 부분을 차지하는 것이 부동산이죠. 대한민국이 100명으로 이루어진 마을이라면 2019년 기준으로 1명이 전체 토지의 약 52.8%를 갖고 있고, 10명이 90.1%를 차지하고 있지요. 상위 1%와 10%가 전체 토지 자산 중에서 차지하는 비중이 그렇습니다.

집을 소유한 10살 미만 어린이가 8,139명에 달한다고 합니다. 거의 1만 명에 가깝죠. 2018년 한 조사에 따르면, 18세 미만 미성년자가 주택 235채를 소유한 사례도 있었습니다. 자산이라는 절대 반지를 물려받은 사람은 타인들보다 더 나은 조건에서 경쟁하기 마련이죠. 이런 사회에서 애초에 가난하게 태어났다면 가난에서 벗어나기가 매우 힘들죠. "가난은 전염병과 같아서 대를 이어 나의 할머니, 엄마, 내 가족, 아이들에게까지 끝없이 퍼져서 멈춰지지 않기에 난 그 가난을 내 아이들에게 멈추게 하고 싶었을 뿐!" 영화 〈로스트 인 더스트〉(2016)에 나오는 대사랍니다. 물려받은 재산이 지배하는 사회는 현재(노력)보다 과거(부모)가 미래를 결정하는 사회죠.

대부분의 사람은 과거에 발목이 잡힌 채 성벽 밖에서 살죠. 가난한 이들의 눈물과 한숨이 성벽 밖에 쌓여 갑니다. 눈물과 한숨이 쌓이면 싸움이 나기 마련이죠. 사회적 갈등은 대개 재화(부)의 분배에서 발생하거든요. 세대 갈등, 이념 갈등, 지역 갈등 등도 빈부(계급) 갈등의 변형이거나 이를 감추는 알리바이

일 때가 많습니다. 부당한 분배가 분란과 싸움을 낳는 것이지요. 부당하고 불평등한 분배는 부의 대물림에서 정점을 이루죠. 평화(平和)라는 한자어는 '사람에게 식량을 고르게 나눠 준다'는 뜻입니다. 화(和)는 쌀(禾)을 나누어 먹는다(口)는 뜻이거든요. 고루 나누지 않으면 결국 싸움이 벌어지죠.

《걸리버 여행기》(1726)에는 라퓨타라는 하늘을 나는 섬이 나옵니다(애니메이션 〈천공의 성 라퓨타〉(1986)의 이름과 설정도 여기에서 따왔답니다). 이 나라의 백성은 하늘에 사는 이들과 땅에 사는 이들로 구분됩니다. 하늘의 섬은 부유하지만, 지상은 가난하죠. 땅에 사는 이들은 하늘의 섬에서 먹다 버린 쓰레기로 연명한답니다. 조너선 스위프트는 라퓨타를 통해 식민지 아일랜드를 착취하는 영국을 비판하려 했죠. "0.1%에 불과한 부자가 99.9%의 서민을 거지로 내몰고 있다." 조너선 스위프트가 한 말입니다. 대한민국도 라퓨타와 크게 다르지 않습니다. 빚, 실업, 빈곤, 격차, 절망이 사회를 가득 채울 때 그 사회는 고장 난 압력솥처럼 터져 버릴 수 있는 것이지요.

최저 임금을 받지 못하는 노동자 비율은 10%를 넘습니다(여성은 그 비율이 20%를 넘습니다). OECD에서 최고 수준이죠. 최저 임금을 받지 못하는 338만 명, 여기에 임금 체불까지 합하면 400만 명이 넘는 사람들이 최저 임금 이하의 삶에서 허덕이고 있다고 봐야 합니다. 전체 노동자들을 소득별로 줄 세운 뒤에 딱 중간에 있는 사람의 임금을 중위 소득이라고 하죠. 중위 소득의 3분의 2 미만을 버는 노동자를 저임금 노동자로 분류합니다. 2018년 OECD가 발간한 〈사람과 일자리의 연계〉 보고서에 따르면, 한국은 저임금 노동자 비중이 23.7%나 됐고, OECD에서 세 번째로 많았답니다. OECD 평균은 16.63%였죠. 저임금 노동자들이 더 나은 보상을 받아야 합니다.

　최저 임금은 인간 존엄의 문제입니다. 사람이 숨만 쉰다고, 사는 게 아니잖아요. 존엄하게 살 수 있어야 진짜 사는 거죠. 최저 임금은 사람의 존엄을 지키기 위해 법으로 정한 최저 기준입니다. 그래서 그걸 무너뜨리면 안 되죠.

　저임금 노동자들이 일한 만큼의 임금을 달라고 하는 건 과한 요구도, 지나친 요구도 아닙니다. 자기 밥그릇만 챙기는 집단 이기주의는 더더욱 아니고요. 다들 그렇게 자기 몫을 요구하면 나라 경제가 어떻게 되느냐고 핀잔해서는 안 됩니다(국가 경제에 큰 문제가 없다는 사실은 '노동의 빈곤'에서 다뤘죠). 누군가의 노동 조건이 개선되면 도미노처럼 다른 사람의 노동 조건도 개선될 수 있음을 생각해야 합니다.

업무가 끝나도 끝난 게 아니다

"자유, 평등, 박애 그리고 지금은 '연결되지 않을 권리'" 〈워싱턴포스트〉가 근래 프랑스에서 강조되고 있는 '연결되지 않을 권리'를 소개하면서 프랑스 혁명의 이념인 자유, 평등, 박애에 이은 새로운 권리가 탄생했다고 보도했습니다. '연결되지 않을 권리'는 근무 시간 외 상사로부터 온 업무 관련 전화, 메시지, 이메일 등을 받지 않을 권리랍니다. 노동자의 사생활을 보호하고 여가 시간을 보장하기 위한 권리죠.

2017년 1월 1일부터 프랑스는 노동법으로 '연결되지 않을 권리'를 명시했습니다. 프랑스는 퇴근 시간인 오후 6시부터 다음날 9시 출근 시간까지 15시간 동안 업무와 관련된 전화나 이메일을 주고받지 못하도록 했답니다. 독일의 경우에도 비슷한 규정이 있는데요. 일명 '크리스탈-클리어(crystal-clear)' 규정입니다. 근무 외 시간에 회사가 직원에게 전화, 메시지, 이메일 등을 통해 업무 관련 연락을 하는 걸 원칙적으로 금지하는 규정이죠. 이 같은 제도는 노동 시간과 휴식 시간을 명확히 구분하도록 한답니다.

우리나라는 어떨까요? 퇴근해도 업무는 계속됩니다. 직장 상사가 잠들기 전까지 퇴근은 퇴근이 아닙니다. 24시간 비상근무죠. 스마트 기기가 널리 사용되면서 업무와 여가의 경계를 점점 더 희미하게 만들고 있습니다. 업무 시간 외 카톡 업무 지시가 아무렇지 않게 이뤄지죠. 한국 노동 사회 연구원에 따르면, 한국 노동자 10명 중 8명은 퇴근 후에도 스마트폰으로 업무를 본다고 합니다. 제조업·서비스업 노동자 2,402명을 조사한 결과, 86.1%가 퇴근 후에도 스마트폰으로 업무 지시가 이어진다고 답했으며, 초과 근무 시간은 1주일에 평균 677분(11.3시간)이라고 응답했습니다.

그렇다면 상사의 연락은 시각을 다툴 만큼 급한 용무와 관련될까요? 2016

년 대한 상공 회의소의 조사에 따르면 직장인 60%가 "퇴근 후 업무 지시로 극심한 스트레스를 겪는다"라고 답했습니다. 그러나 퇴근 후 업무 연락이 '급한 업무 처리 때문'인 경우는 절반도 안 됐고(43.2%), '생각났을 때 시키는 게 편해서'라는 대답이 30.3%나 됐답니다. 퇴근 후에도 수시로 연락하고 업무를 지시한다면 집에서 쉬어도 쉬는 게 아니죠. 퇴근 후 업무 지시가 스트레스인 상황에서는 아무리 일찍 퇴근해도 '저녁이 있는 삶'은 불가능합니다.

게다가 업무를 더 하더라도 초과 근무 수당이 전혀 없답니다. 노동 계약은 노동을 무한정 제공하는 계약이 결코 아닙니다. 앞서 지적한 것처럼 정해진 시간만큼 일하기로 약속한 계약이죠. 일을 더 시키려면 그만큼의 수당을 지불해야 합니다. 퇴근 후 잦은 연락, 업무 지시 등은 삶의 질은 물론이고 업무 성과도 떨어뜨릴 수 있답니다. 제대로 쉬지 못하면 일을 잘할 수 없으니까요. 아니, 꼭 일을 잘하기 위해서 잘 쉬어야 하는 건 아닙니다. 누구나 일한 만큼 쉴 권리가 있죠.

휴식은 노동과 무관하지 않답니다. 노동자는 휴식하는 시간에 다음 날의 노동을 준비하거든요. 즉 '노동하지 않는 시간'은 노동(력)을 만드는 시간입니다. 이를 좀 어려운 말로 '노동력 재생산'이라고 부른답니다. 노동력을 재생산하는 시간이 부족하면 스트레스가 커지게 되고 결국 생산성과 삶의 질도 나빠지죠. 산업 재해도 늘어납니다. 반면 노동력 재생산 시간이 넉넉해지면 생산성이 높아지죠. 휴식이 노동자 개인뿐만 아니라 기업 입장에서도 중요한 이유랍니다.

한국 언론 진흥 재단의 조사에 따르면 '연결되지 않을 권리'가 필요하냐는 질문에 86.6%가 동의했습니다. 우리 국회에서도 '카톡 금지법'을 논의하고 있답니다. 온전한 휴식과 여가를 보장하기 위해서랍니다. 2014년 한국 고용 정보원이 발표한 〈소득과 시간 빈곤 계층을 위한 고용 복지 정책 수립 방안〉에 따르면 한국의 전체 노동 인구 중 42%, 숫자로 930만 명이 '시간 빈곤' 상태에 있었습니다. 자기 삶의 주인이 되는 길은 여럿이지만, 그중 첫째는 자기 시간의 주인이 되는 거죠. '업무 시간 외 카톡 금지법'은 우리가 자기 시간의 주인이 되도록 도울 겁니다.

4장

너희들이
노동자다

알바 노동자
알바생도 노동자일까?

알바 십계명
알바도 퇴직금이 있을까?

선진국의 노동 교육
하라는 공부나 하라고?

더 알아보기 너는 나다

알바 노동자
알바생도 노동자일까?

"알바는 왜 하려고? 돈 벌어서 뭐 하게? 하라는 공부는 안 하고 무슨 알바야? 용돈 몇 푼 벌 시간에 차라리 공부를 더 하지?" 자녀가 알바를 하겠다고 하면 부모님들은 으레 저런 반응을 보입니다. '일하는 청소년'은 낯설죠. 잘 알려져 있지 않고, 알려고도 하지 않습니다.

그러나 의외로 많은 청소년이 일하고 있습니다. 여성 가족부에서 발표한 〈2017년 청소년 종합 실태 조사〉에 따르면 대한민국 청소년(13~24세)의 아르바이트 경험률은 2014년 31.2%에서 2017년 48.7%로 증가한 것으로 나타났습니다. 13~18세 청소년들 중 아르바이트 경험이 있는 학생은 12.8%로 나타났죠. 5명 중 1명이 알바를 경험한 셈입니다.

알바는 학교에 다니지 않는 청소년들만 할까요? 그렇지 않습니다. 학교를 다니지 않는 청소년뿐만 아니라 학교를 다니는 청소년들도 알바를 하죠. 중학생보다 고등학생의 아르바이트 경험이 좀 더 높게 나타나는데, 갈수록 더 많은 학생이 알바를 하는 추세랍니다. 알바는 비정상적 일탈이 아닙니다. 적지 않은 청소년들이 음식점, 편의점, 패스트푸드점, 뷔페, 웨딩 홀,

---

| 청소년 기본법상 청소년은 9~24세에 해당합니다. 우리가 보통 청소년이라고 생각하는 13~18세 미만은 아동 복지법상 아동에 속한답니다.

주차장, 주유소 등 다양한 곳에서 일하고 있답니다. 남보다 일찍 취업 전선에 뛰어든 특성화고 학생까지 고려하면 일하는 청소년의 숫자는 결코 적지 않답니다.

알바는 몇 살부터 할 수 있을까요? 15세부터 가능합니다. 근로 기준법은 만 15세 이상이면 노동이 가능하도록 법으로 규정하고 있습니다. 생일이 지난 중3이 여기에 해당되죠. 만 15세에서 18세까지는 보호자의 동의하에 일할 수 있답니다. 그 말은 부모님 동의서가 있어야 한다는 뜻이죠. 또, 나이를 확인할 수 있는 증명서도 필요합니다(근로 기준법 제66조). 그보다 어린 만 13세 이상 15세 미만인 경우에는 고용 노동부 장관으로부터 취직 인허증을 발급받아야 일할 수 있죠.

부모님 동의서는 그렇다 쳐도 취직 인허증은 왜 필요할까요? 청소년이 몸과 마음이 잘 자라고 인격적으로 성장할 수 있도록 중학교까지 의무 교육을 실시하고 있죠. 그런데 일을 하면 교육을 제대로 받지 못할 수 있기 때문에 취직 인허증이 필요한 것입니다. 그런 까닭에 청소년의 노동 시간도 1일에 7시간, 1주일에 35시간을 넘을 수 없도록 하고 있죠. 연장 근로는 하루 1시간, 1주 5시간으로 제한됩니다. 연장 근로를 최대한 하더라도 1주일에 40시간까지만 일할 수 있는 거죠(근로 기준법 제69조).

만 13세 미만은 더 엄격한 조건이 따라붙습니다. 만 13세 미만인 경우에는 예외적으로 예술 공연 참가에 한해서 가능하답니다. 개발 도상국 농장이나 광산에서 벌어지는 아동 노동 착취와는 상관없답니다. 예술 공연 참가가 뭘까요? TV나 영화 등에 나오는 아역 배우들을 생각하면 됩니다.

청소년은 아무 알바나 할 수 있는 건 아니고, 할 수 없는 일들이 있습니다. 바로 청소년 보호법에서 청소년 고용을 금지하는 업종을 명시하고 있지요(청소년 보호법상 청소년은 만 19세 미만입니다). 술집(소주방, 단란 주점 등), 숙박업, 오락실, 도박장, 노래방, PC방, 비디오방, 주류 판매점, (술을 판매하는) 일반 음식점 등이 금지 업종입니다. 이들 업소는 낮이든 밤이든 청소년이 일할 수 없답니다. 따라서 PC방, 노래방은 청소년들이 제한적으로 출입할 수 있지만 알바를 할 수는 없지요.

일부 어른들은 청소년 알바를 그저 용돈벌이로 보기도 합니다. 모두 그런 것은 아니지만, 설사 청소년 알바의 목적이 용돈이라 해도 용돈벌이는 무시해도 될까요? 갖고 싶은 물건을 사고 친구를 만나서 밥을 먹거나 영화를 보고 노래방에 갑니다. 이런 지출은 일종의 사회적 관계 유지비 아닐까요? 어른들도 친구를 만나서 밥을 먹고 술을 마십니다. 또, 결혼식이나 장례식 등에 부조금을 내기도 하죠. 이 역시 사회적 관계를 유지하는 비용일 테죠. 이런 비용이 어른들에게는 필수 비용이고, 청소년들에게는 단순한 유흥비일까요?

사실 청소년의 노동은 용돈벌이에 한정되지도 않습니다. 직업으로서 일하는 청소년도 있고(상급 학교 진학 대신 취업 전선에 뛰어든 경우), 배움의 연장에서 일하는 청소년도 있으며(특성화고 학생들의 현장 실습), 가족의 생계를 위해 일하는 청소년도 있습니다. 물론 가출 청소년이 생활 유지를 위해 일하기도 하죠. 이렇게 청소년 노동은 다양한 목적과 이유를 가지고 있답니다.

알바를 노동이 아닌 가욋일, 본업이 아닌 부업 정도로 생각하는 경향이 있습니다. 국어사전은 아르바이트를 "본래의 직업이 아닌, 임시로 하는 일"(표준국어대사전)이나 "학생이나 직장인 등이 돈을 벌기 위하여 학업이나 본업 이외에 하는 일"(고려대한국어대사전)로 설명하죠. 알바를 하는 사람을 용돈을 벌거나 경험을 쌓으려고 임시로 일하는 사람으로 한정해선 안 됩니다. '알바'로 분류되는 일자리에 20~30대 청년들뿐만 아니라 장년층도 엄연히 일하고 있으니까요.

알바는 정상 직업을 갖기 전까지 잠시 거치는 임시 노동이 아닙니다. 용돈벌이가 아니라 생계 때문에, 즉 부업이 아닌 본업으로 알바를 하는 사람도 많기 때문입니다. 그들에게 알바는 결코 '임시 노동'일 수 없습니다. 한국노동패널 조사를 보면 최저 임금의 95~105% 선을 받는 노동자가 가구의 핵심 소득원인 비율이 78%에 달했습니다. 핵심 소득원은 쉽게 말해 가족의 생계를 책임지고 있는 사람입니다. 최저 임금의 95~105% 선이 대체로 알바 임금과 겹친다고 보면, 이 역시 알바가 단순한 용돈벌이가 아니라는 사실을 뒷받침하죠.

알바가 용돈벌이라는 오해는 어디에서 비롯할까요? '알바생'이라는 말 자체가 오해를 낳는 건 아닐까요? 알바생은 아르바이트(arbeit)와 학생(學生)이 결합한 말입니다. 노동을 하지만 노동자가 아닌 학생을 가리키는 말이 알바생이죠. 알바생이라는 표현에는 여러 가지 문제점이 있습니다.

첫째로, 알바생이라는 말에는 청소년(10대)과 청년(20대)을 바라보는 시선이 담겨 있습니다. 알바생이라는 표현은 알바하는 사람은 으레 '학생'이라는 시각을 깔고 있죠. 실제 학생이건 아니건 상관없이 그 나이대의 사람들은 당연히 학교를 다닐 거라고 가정합니다. 그렇지 않으면 '예외'라고 낙인찍히죠. 그러나 앞서 지적한 것처럼 알바를 학생만 하는 게 아니잖아요. 학비, 생활비 등을 벌려고 일하는 성인도 많고 학교를 다니지 않는 청소년도 있죠.

둘째로, 알바생이라는 표현은 학생을 강조하기 때문에 그 사람이 하는 일을 노동으로 인정하지 않는 태도를 낳죠. 알바를 학생들이 용돈을 벌기 위해 임시로 하는 일 정도로 생각하는 겁니다. 학생 노동자가 임금이나 노동 조건 등을 따지고 들면 사용자는 '학생 신분' 운운하며 되레 역정을 내기도 합니다. "넌 학생이고 잠깐만 일하는 거니까 좀 참아라." 단지 어리고

학생이라는 이유로 초과 근무를 시키거나 급여 지급을 미루는
등 차별 대우를 하기도 하죠.

셋째로, 알바생이라는 말은 노동을 노동으로 보지 않고 '좋
은 경험'으로 미화합니다. 실제로는 노동을 착취하면서도 오히
려 가난한 학생들을 도와준다고 생색내죠. 어린 학생에게 기회
와 경험을 제공했다고 하면서요. '열정 페이(열정을 빌미로 낮게
지급하는 임금)'를 강요하는 문제도 어차피 어린 학생이 경험 삼
아 하는 일이니 임금을 적게 주거나 법 위반, 인격 무시 등을

해도 상관없다고 생각하는 데서 불거진 거죠.

알바생이 아니라 알바 노동자, 아르바이트 노동자라 불러야 맞습니다. 청소년이든, 학생이든 일하는 동안은 모두가 노동자입니다. 알바가 '용돈벌이'나 '좋은 경험'이 아니라 엄연한 노동이기에, 알바를 하는 사람도 엄연한 노동자일 테죠. 알바, 인턴, 수습, 시간제, 기간제 등 부르는 말이 달라도 모두 노동자입니다(수습의 경우에도 실제로는 노동을 시키면서 '일을 배우는 경험'을 앞세워 최저 임금보다 못한 임금을 강요하죠). 이름은 달라도 노동자이기에 똑같이 노동법을 적용받습니다.

일하는 청소년들은 5인 미만의 영세 사업장에서 일하거나 주당 15시간 미만의 초단기 노동을 하는 경우가 많습니다. 이런 조건은 노동 인권의 사각지대에 속하죠. 나이도 어린 데다 하찮은 일을 한다는 생각에서 알바 노동자를 비하하는 '알바충' 같은 말도 생겨났을 테지요. 노동자의 권리, 특히 청소년 노동자의 권리에 대한 사업주들의 의식이 많이 부족한 편입니다. 이는 세 가지 측면에서 비롯합니다. 첫째는 사업주들이 일하는 청소년을 노동자가 아닌 학생이나 비행 청소년으로 보기 때문입니다. 둘째는 일하는 청소년을 성인이 아니라는 이유로 미성숙한 존재로 보기 때문입니다(연령을 차별하는 위계 문화). 셋째는 사업주들이 노동 인권에 대한 기본적인 교육을 받지 못한 탓이지요.

청소년들은 알바 노동자 중에서도 가장 열악한 위치에 있습니다. 그래서 쉽게 쓰고 버려집니다. 청소년 알바를 노동보다 일탈로 보는 시선의 탓이 크죠. 사업주는 자신이 위법을 저질러도 일탈한 청소년이라 문제 삼기 어려울 거라고 생각합니다. 청소년 노동을 일탈로 보는 왜곡된 시선은 사라져야 합니다. 알바를 한다고 해서 모두가 비행 청소년인 건 아니니까요. 유흥비를 벌려고 일하는 청소년이 일부 있더라도, 전체가 다 그렇다고 보기는 어렵습니다. 앞서 지적한 것처럼 청소년들은 다양한 이유로 일하고 있지요.

사업주들은 청소년 노동자를 어리니까 함부로 해도 된다고 생각하는 경향이 있습니다. 어려서 아무 말도 못하고 문제 제기를 하기도 어렵다고 생각하죠. 그래서 최저 임금 등을 따지고 들면 화들짝 놀라며 "가족처럼 대해 줬는데 어린 게 돈만 밝힌다"라고 비난하거나 "(주는 대로 받기) 싫으면 시급 많이 주는 데로 옮겨라"라고 윽박지릅니다. 2019년 1월 여성 가족부가 발표한 〈2018 청소년 매체 이용 및 유해 환경 실태 조사〉에 따르면 아르바이트를 경험한 청소년 중 34.9%는 최저 임금을 받지 못했다고 합니다.

알바도 엄연한 노동이기 때문에 사용자는 알바 노동자에게 최저 임금을 줘야 합니다. 최저 임금보다 낮게 임금을 받기로 계약서를 작성했더라도 상관없습니다. 계약서의 내용이 이미 법(최저 임금법)을 어긴 것이기 때문에 계약의 효력이 없거든요(근로 기준법 제15조). 두 사람이 합의해 작성한 계약서는 법적 구속력, 쉽게 말해 법률상 지켜야 할 의무가 있습니다. 그러나 위법한 계약서는 애초에 그런 구속력을 가지지 못하죠. 따라서 최저 임금에 미치지 못하는 임금만큼 추가로 받을 수 있답니다. 법적으로 이 부분도 임금 체불(임금을 주지 않는 것)에 해당하거든요.

최저 임금에 미달된 임금을 요구했는데도 사업주가 주지 않을 때는 어떻게 할까요? 그럴 때는 공권력의 힘을 빌려 해결하면 됩니다. 관할 지방 고용 노동청에 신고를 하거나 고용 노동부 전자민원마당https://minwon.moel.go.kr/에서 임금 체불 신고를 접수하면 구제받을 수 있답니다. 3년 이내로 신고가 가능하고, 별도의 서류는 필요 없습니다(추후 사업주와 다툼이 있을 때는 노동 계약서가 꼭 필요하겠죠). 일을 그만둔 후라도 최저 임금에 모자라는 액수만큼 나중에 받아 낼 수 있습니다.

알바를 하다가 다쳐도 산재 보험을 적용받을 수 있습니다. 가령 빵집에서 빵을 굽다가 자기 실수로 팔을 데었다 해도 산재 보험을 통해 치료비를 받을 수 있죠. 이때 중요한 것은 노동자의 과실을 전혀 따지지 않는다는 점이죠. 자기 잘못으로 다치더라도 작업이나 업무 중에 다쳤다면 보상받을 수 있답니다. 설혹 산재 보상을 바로 받지 못했더라도 나중에 받을 수 있습니다. 재해 발생 후 3년 이내까지 산재 보상을 신청하면 된답니다(알바의 권리에 대해서는 다음 장에서 더 자세히 다루겠습니다).

법정 최저 임금이나 산재 보험처럼 일하는 청소년도 성인 노동자와 똑같이 누려야 할 권리들이 있죠. 노동 조건에 대해 알 권리, 적절한 보상에 대한 권리, 안전에 대한 권리, 건강에 대한 권리, 인격 보호에 대한 권리 등은 청소년 노동자라고 해서 예외일 수 없습니다. 쉽게 말해 청소년 노동자도 일하기 전에 노동 계약서를 작성하고 법이 정한 최저 임금을 받으며 정해진 시간만큼 쉬고 모욕과 폭언을 당하지 않아야 합니다.

이런 권리를 온전히 보장받으려면 노동조합이 필요하겠죠. 알바 노동자들이 노동자라면 그들에게도 노동조합이 필요하지 않겠어요? 보통의 노동조합은 사업장을 기준으로 만들어지지만, 알바 노동자들은 직원 숫자가 적은 소규모 사업장에서 일하는 경우가 많답니다. 노동조합을 만들기 어려운 상황이죠. 또, 노동조합이 있더라도 청소년 노동자는 가입 대상이 아닌 경우도 많답니다. 청소년 노동자는 노동조합이 없는 현실을 어쩔 수 없이 받아들여야 할까요? 그렇지는 않습니다. 다행히도 알바 노조나 청소년 노조가 있답니다. 대표적인 단체인 '청년 유니온'은 2011년에 출범한 국내 첫 청년 노동조합입니다. 만 15세~24세의 일하는 청소년이라면 어디서 무슨 일을 하든 '청년 유니온'에 가입할 수 있습니다. 도움이 필요할 때는 알바 노조 1800-7525, 청년 유니온 02-735-0262, 고용 노동부 청소년 근로권익 센터 1644-3119 등으로 연락해도 됩니다.

앞에서 언급한 것처럼 일하는 청소년들을 호칭할 때에는 알바생이 아니라 알바 노동자라고 불러야 합니다. 알바생처럼 일하는 '학생'에 초점을 맞추면 공부가 중요시되기 때문에 노동이 등한시되기 십상입니다. 우리 머릿속에서 인식의 대전환이 필요하지 않을까요? 학생('일하는 학생')이 아니라 노동자('학생 노동자'나 '공부하는 노동자')에 강조점을 둘 필요가 있습니다. 노동자는 노동자인데 학교를 다니는 노동자라는 거죠. 그래야만 노동자로서 제대로 인정받고 권리도 보장받지 않을까요?

적어도 20대 청년들에게는 그런 관점이 매우 절실해 보입니다. 대학을 다니는 청년들 대다수가 알바를 합니다. 그것도 잠깐이 아니라 20대 내내 말이죠. 취업 전까지 학업과 알바를 병행하는 청년들이 많답니다. 2017년에 알바몬이 대학생 4,273명에게 설문 조사를 해 보니, 67.2%가 학업과 알바를 병행한다고 답했습니다. '공부하는 노동자'라는 인식이 전혀 생뚱맞은 게 아니랍니다.

알바도 퇴직금이 있을까?

몇 년 전 온라인 구직 사이트 알바몬의 광고가 사회적으로 큰 반향을 불러일으켰죠. 광고에 나온 걸스데이의 혜리는 '맑스 돌'이라는 별명까지 얻었습니다. '맑스'는 자본주의의 문제점을 파고든 사상가 칼 마르크스를 뜻하죠. 이 광고가 주목받은 이유는 TV 광고에서 알바 노동자의 권리를 외쳤기 때문입니다. 청소년들은 물론이고 적잖은 성인들이 이 광고로 알바 노동자에게도 보호받을 권리가 있다는 사실을 알게 되었죠. 그동안 한국 사회는 알바 노동자의 권리에 무관심했거든요.

2011년 유엔 아동 권리 위원회는 한국에서 노동하는 아동·청소년(18세 미만)이 증가하고 있지만 노동 인권이 제대로 보장되지 않는다고 지적했습니다. 야간 노동이나 최저 임금 규정을 지키지 않고 무임금 노동을 강요하는 변칙적인 노동 관행이 빈번한데, 정부의 적극적인 노동 감독 의지가 부족하다는 지적이었죠. 아르바이트 청소년들의 노동 인권은 2011년에 비해 크게 달라지지 않은 것 같습니다. 예를 들어 법정 최저 임금 미만율(임금 노동자 중 최저 임금 미만을 받는 비율)은 2012년 9.5%에서 2018년 15.5%로 6.0%포인트나 증가했죠.

법정 최저 임금처럼 알바 노동자라면 반드시 알아야 할 것들이 있습니다. 알바 노동자가 법으로 보장받을 수 있는 사항들인데요. 가장 중요한 건 노동 계약서겠죠. 그 외에도 알바를 하기 전에 알아 둘 필요가 있는 것들이 여럿 있어요. 이제부터 청소년 알바 노동자들이 알아 두면 좋을 내용을 알려 줄 테니, 꼼꼼히 읽어 보세요. 다만 알바를 하는 곳이 5인 미만의 노동자를 고용한 사업장이라면 일부 사항은 법적인 보장을 받지 못한답니다. 그런 경우는 따로 설명하도록 할게요.

알바를 하는데, 노동 계약서를 꼭 써야 할까요?

그럼요. 알바를 시작하기 전에 노동 계약서를 꼭 작성해야 합니다. 노동 계약서는 선택이 아닌 필수랍니다. 아르바이트도 노동이고, 알바생도 노동자라고 했죠? 사용자와 노동자가 노동 계약을 체결할 때는 노동 계약서를 쓰도록 되어 있습니다. 그렇다면 노동 계약서가 왜 필요할까요? "약속한 급여를 다 안 줬어요." "처음 들었던 것과 다른 일을 시켰어요." 알바를 하는 청소년들이 이런 불이익을 당하지 않으려면, 또는 불이익을 당하더라도 나중에 구제받으려면 노동 계약서가 필요하답니다. 이제, 노동 계약서의 중요성을 확실히 알겠죠?

그런데 현실에서는 잘 지켜지지 않고 있습니다. 2017년 고용노동부가 편의점과 패스트푸드점 등 4천여 개의 사업장을 대상으로 점검을 벌인 결과, 56%가 노동 계약서를 작성하지 않았다고 합니다. 2018년 경기도 교육 연구원의 통계에 의하면, 아르바이트 경험이 있는 학생들 가운데 노동 계약서를 작성하지 않은 비율은 57.8%에 달했고, 중학생은 그 비율이 77.8%에 이르렀죠. 나이가 어릴수록 노동 계약서 작성 비율이 낮게 나타났답니다.

🧑 사장님이 노동 계약서를 안 써주세요. 이럴 땐 어떻게 해야 할까요?

🧑 노동 계약서를 요구하면 들어주는 사업주들도 있지만, 개중에는 "알바가 무슨 계약서?"라고 반문하는 사업주들도 있죠. 그런 사업주들은 "날 못 믿겠다는 거야?" 하면서 발끈하거나 "그깟 서류가 무슨 필요 있어. 내가 알아서 잘해 줄게." 하면서 꼬드기죠. 이런 사업주를 어떻게 설득할까요? "부모님이 동의서를 써 주면서 노동 계약서를 가져오라고 했다"거나 "일하는 시간에 맞춰 학교에서 나오려면 담임 선생님께 노동 계약서를 제출해야 한다"라는 식으로 말하면 사업주도 거절하기 어렵답니다.

그럼에도 불구하고 노동 계약서를 거부한다면 그땐 어떻게 할까요? 노동 계약서 미작성으로 노동청에 신고하면 되는데, 일을 계속하려면 그러기 힘들겠죠? 그렇다면 채용 공고를 사진으로 찍어 두세요. 또 노동 조건에 관해 대화한 내용을 녹음해 둡니다. 또 노동 조건에 대한 문자나 카톡 내용을 지우지 말고 보관하세요. 근무 일지나 임금이 찍힌 통장 등도 나중에 분쟁이 생겼을 때 증거 자료로 쓸 수 있답니다. 노동 계약서를 작성하지 않거나 작성 후 노동자에게 주지 않으면 500만 원 이하의 벌금을 물게 되죠.

🧑 사장님이 저 대신 노동 계약서를 보관해 주겠대요. 괜찮을까요?

🧑 안 됩니다. 꼭 1부씩 나눠 가져야 한답니다. 노동 계약

서를 사업주가 이미 작성했으니 누가 가지고 있든 상관없는 게 아닙니다. 노동 계약서를 작성하고 노동자에게 나눠 주는 것은 사업주의 의무 사항입니다. 노동 계약서에는 임금과 노동 시간 등 주요 노동 조건을 명시해야 합니다(근로 기준법 제17조).

일을 시작하기 전에 노동 조건을 확실히 해 둘 필요가 있습니다. 일을 한다는 건 돈을 받고 노동력을 파는 겁니다. 그런데 노동력의 값도 모른 채 팔 순 없잖아요. 생각해 보세요. 내가 몰던 자동차를 중고 자동차 시장에서 파는데, 상대가 내 차를 얼마에 살지도 모르면서 차부터 넘기나요? 노동력도 마찬가지랍니다. 사업주가 노동자로부터 노동력을 살 땐 어떻게든 값을, 그러니까 임금을 깎으려 하는데 노동자만 무턱대고 노동력을 팔면 되나요?

학생이든 아니든, 일하는 이유가 생계든 아니든 상관없이 일하는 동안에는 청소년도 노동자랍니다. 그러니까 근로 기준법이 정한 권리를 보장받을 수 있습니다. 임금, 수당, 휴게 시간, 휴일 등 앞서 근로 기준법을 다룰 때 배웠던 내용들은 청소년 노동자에게도 동일하게 적용되죠. 성인과 마찬가지로 근로 기준법에 의해 보호받고, 노동 시간이나 제한 업종 등과 관련해서는 더욱 엄격한 보호를 받는답니다.

| 노동 계약서에는 계약 기간(실제 일할 기간), 근무 장소 및 업무 내용, 휴게 시간(휴게 시간은 4시간 연속 근무 시 30분 이상, 8시간 근무 시 1시간 이상)을 포함한 노동 시간(근로 시작 시간과 종료 시간), 근무일, 임금의 구성 항목과 계산 방법 및 지급 방법, 임금 지급일, 휴일, 퇴직금 및 퇴직에 관한 사항 등을 명시해야 합니다.

🧑 알바도 최저 임금이 보장되나요?

🧑‍🦰 물론 청소년 노동자에게도 법정 최저 임금이 보장됩니다. 계약 기간이 1년 이상인 상용 노동자뿐만 아니라 일용 노동자, 단시간 노동자 등 고용 형태와 상관없이 모든 노동자가 법정 최저 임금을 보장받습니다. 직종, 국적, 남녀노소 등도 일체 가리지 않죠. 청소년도, 이주 노동자도 마찬가지랍니다. 법정 최저 임금 예외 대상은 장애인, 수습(최장 3개월까지) 중인 노동자 등으로 한정하죠. 최저 임금을 지급하지 않으면 사업주는 최저 임금법 제6조 1항 위반으로 3년 이하의 징역이나 2,000만 원 이하의 벌금에 처하게 됩니다.

🧑 사장 마음대로 월급 날짜를 바꿔서 월급을 주거나 상품권, 쿠폰 등으로 월급을 줘도 되나요?

🧑‍🦰 안 됩니다. 임금은 정해진 날짜에 지급해야 합니다. 사장 마음대로 날짜를 바꿔서 주면 안 되죠. 사업주가 장사가 안된다고 상품권, 구두 티켓, 피자나 치킨 쿠폰 등으로 지급해도 안 됩니다. 급여보다 더 많이 준다고 하면 어떻게 할까요? 노동자 입장에서 그게 더 이익일까요? 가령 원래 보수가 100만 원인데 치킨 쿠폰으로 130만 원어치를 준다고 합시다. 더 많이 받는다고 이익일까요? 그렇지 않습니다. 밤낮 치킨만 먹을 것도 아닌데 남는 쿠폰은 어떻게 할 건가요? 쿠폰이든 상품권이든 급여보다 더 많은 액수를 준다고 혹해서는 안 되고 무조건 현금으로 받아야 합니다.

알바 노동자에게도 주휴일을 줘야 할까요?

당연히 줘야 합니다. 1주에 하루는 일을 하지 않으면서 임금을 받을 수 있습니다. 그때 받는 임금을 주휴 수당이라 부른다고 했죠? 1주일에 정해진 근무일을 개근했을 때 하루치 임금을 더 준다고 설명했습니다. 예를 들어 하루 4시간씩 1주 20시간 알바를 하는 사람이 있습니다. 이 사람의 1주 임금은 얼마가 될까요? 시급 8,000원(※2020년 기준 최저 임금은 8,590원이나 계산의 편의성을 위해 설정)에 1주 20시간 일했으면 임금은 16만 원이 아니라 주휴 수당 3만 2,000원을 포함해서 19만 2,000원을 받아야 합니다.

자세한 계산 방법은 이렇습니다. 원래 노동 시간에 대한 임금은 8,000원×20시간=160,000원입니다. 총 노동 시간 20시간을 5일로 나누면 1일 4시간이 나옵니다. 따라서 주휴 수당은 8,000원×4시간=32,000원이 되죠. 즉 160,000원+32,000원=192,000원이랍니다. 주휴 수당을 계산할 때는 왜 4를 곱할까요? 하루 근무 시간이 4시간이기 때문입니다.

휴일 근로, 연장 근로, 야간 근로(청소년은 원칙적으로 오후 10시~오전 6시의 야간 근로가 제한됨) 등을 하면 통상 임금의 50%를 추가로 지급(즉 1.5배)해야 합니다. 예를 들어 시급 8,000원에 1일 7시간 근무하기로 했는데 1시간 연장해서 8시간 근무했을 때 임금은 어떻게 될까요? 8,000×8=64,000원일까요? 아닙니다. 원래 노동 시간에 대한 임금은 8,000원×7시간=56,000원입니다. 연장 노동 시간에 대한 수당은 8,000×1.5배×1시간=12,000원이죠. 따라서 최종 임금은 56,000+12,000=68,000원이 된답니다.

단, 5인 미만 사업장의 노동자는 휴일 근로, 연장 근로, 야간 근로에 대한 수당을 받지 못합니다. 앞서 5인 미만 사업장은 제외된다고 했던 거 기억나죠? 5인 이상 사업장 노동자가 1주 15시간 이상 일하고, 정해진 근무일을 개근했을 때만 주휴 수당이 주어진답니다.

🧑 알바 노동자도 퇴직금을 받을 수 있을까요?

🧑 네, 받을 수 있습니다. 알바 노동자는 퇴직금을 받지 못한다고 생각하는데, 그렇지 않답니다. 1년 이상을 일한 노동자는 퇴직금을 받을 수 있습니다. 퇴직금을 헷갈려 하는 이유는 과거에 5인 미만 사업장은 퇴직금 의무가 없었기 때문이죠. 2013년부터 법이 바뀌면서 1인 이상의 모든 사업장에 퇴직금이 의무화됐죠. 5인 이상 사업장과 5인 미만 사업장을 구분하지 않고 모든 노동자가 받을 수 있답니다.

법은 "퇴직금은 계속 근로 연수 1년에 대하여 30일분의 평균 임금으로 계산한 금액으로 한다"고 규정하고 있죠. 평균 임금은 회사를 그만두는 날부터 3개월 동안의 평균 급여를 뜻합니다. 단, 퇴직금을 받으려면 주 15시간 이상 일해야 한답니다. 퇴직금은 별도의 합의가 없으면 14일 이내에 지급해야 합니다(근로 기준법 제36조). 퇴직 후 일정 시점이 지나도 받을 수 있습니다. 그러나 3년이 지나면 권리가 사라지기 때문에 꼭 그전에 수령해야 합니다.

👤 손님에게 불친절하다는 항의가 들어오면 제 월급에서 깎겠대요. 이래도 되는 건가요?

👨‍💼 불친절, 실수 등을 핑계로 벌금을 떼고 임금을 주면 안 됩니다. 한국 청소년 정책 연구원의 〈2015년 청소년 근로 실태 조사 및 제도 개선 방안〉에 따르면 청소년 노동자 중 33.1%가 일하는 과정에서 발생하는 사고나 변상에 대한 책임을 아르바이트 청소년에게 떠넘기는 부당 서약서를 작성했답니다. 부당 서약서의 내용도 다양하죠. "일을 그만둘 때는 반드시 후임자를 구한 뒤에 그만둬야 한다.""지각이나 조퇴를 한 날의 임금은 지급하지 않는다.""음식을 몰래 먹거나 상품을 가져갔을 경우에 물품 가격의 100배를 변상해야 한다."

근로 기준법은 이런 부당 서약서를 무효로 봅니다. 앞서 다룬 것처럼 근로 기준법에 어긋나는 내용을 담고 있는 계약서는 법적으로 유효하지 않지요. 근로 기준법 제43조 1항은 "임금은 통화(通貨)로 직접 근로자에게 그 전액을 지급하여야 한다"라고 못 박고 있죠. '전액'이라는 표현이 바로 사업주가 임금을 임의대로 공제하고 지급할 수 없음을 뜻하죠(공제 가능한 것은 4대 보험료와 근로 소득세 등입니다). 만약 손해가 발생했다면 먼저 임금을 지급하고 사업주가 손해를 입증한 후에, 적정하게 계산된 손해액에 대해서 노동자가 배상하도록 해야 합니다.

👤 청소년 노동자에게도 근로 시간 제한이 있나요?

👨‍💼 그럼요. 사업주는 15세 이상 18세 미만인 노동자에게 하루 7시간(최대 8시간)까지만 일을 시킬 수 있습니다. 1주 35시

간(최대 40시간) 이상 일을 시킬 수 없게 되어 있답니다(근로 기준법 제69조). 이를 어긴 사업주는 2년 이하의 징역 또는 2,000만 원 이하의 벌금형에 처해진답니다.

사장이 마음대로 일하는 시간, 날짜 등을 바꿔요. 노동계약 위반 아닌가요?

네, 맞습니다. 노동 계약서에 쓰인 노동 조건이 사실과 다르거나 사업주가 일방적으로 노동 조건을 변경하는 경우에는 이를 거부할 수 있고, 더 나아가 노동 계약 자체를 해지할수 있죠. 쉽게 말해, 노동자 마음대로 그만둬도 괜찮다는 뜻입니다. 그런 경우에는 그만두겠다고 당당히 말해도 된답니다. 이 경우에도 노동 계약서가 꼭 필요하겠죠. 노동 계약서는 아무리 강조해도 지나치지 않답니다. 알바를 시작하기 전에 첫 번째로 해야 할 일은 무조건 노동 계약서를 작성하는 것입니다!

일을 시작하기 전에 교육을 받았어요. 교육 시간도 노동 시간에 포함이 되나요?

네, 교육 시간도 노동 시간에 당연히 포함됩니다. 일을 시작하기 전에 청소 시간, 일이 끝나고 정리하는 시간, 손님을 기다리는 대기 시간 등도 모두 노동 시간에 포함됩니다. 당연히 임금도 받아야겠죠. 따라서 노동 시간이 끝난 뒤에 임금을 주지 않고 청소 등을 시키면 엄연히 불법이랍니다.

수습 기간은 얼마까지 둘 수 있고, 임금은 몇 %까지 받을 수 있나요?

사업주는 업무에 미숙한 알바 노동자가 일을 배우고 일에 적응하는 기간을 수습 기간으로 정할 수 있습니다. 이때 사업주는 법정 최저 임금의 90%를 지급해도 되죠. 다만 노동 계약이 1년 이상일 때만 수습 기간을 둘 수 있습니다. 그리고 수습 기간은 최대 3개월까지만 가능하답니다. 1년 미만의 노동 계약을 체결할 때는 수습이라는 이름으로 임금의 일부만 지급해선 안 됩니다. 그런 경우는 어디까지나 불법이죠.

사장이 마음대로 휴식 시간을 빼앗는데 괜찮나요?

노동자의 휴게 시간은 정확히 지켜져야 합니다. 주유소에서 일하는데 식사 시간에 밥을 먹다가도 차가 들어오면 나가서 주유를 해 줘야 한다고 합시다. 이런 경우는 짧게라도 쉬었으니까 휴게 시간이 지켜진 걸까요? 그렇지 않습니다. 휴게 시간은 자유롭게 이용할 수 있어야 합니다. 또한 근무 중이든, 휴식 중이든 사업주가 CCTV 등으로 노동자를 감시하는 것도 불법입니다.

알바 노동자도 다치면 보상받을 수 있나요?

네, 가능합니다. 앞에서 알바 노동자도 산재 보상이 가능하다고 했죠? 사업주가 산재 보험에 가입하지 않아도 산재 보험으로 보상받을 수 있습니다. 심지어 회사나 가게가 폐업해도 신청이 가능합니다. 사업주가 산재 보상 신청서에 도장을 찍어 주지 않을 때는 어떻게 할까요? 상관없습니다. 사업주가 동의하지 않아도 산재 보상을 신청할 수 있답니다. 사업주가 거부할 때는 신청서에 '날인 거부'라고 적어서 제출하면 됩니다.

일하다 다쳐서 며칠 치료를 받고 출근했더니, 그만 나오라고 하네요. 어떻게 해야 할까요?

업무상 부상이나 질병을 치료하는 기간과 그 후 30일간은 절대 해고 금지 기간입니다. 이 기간에 해고하면 5년 이하의 징역이나 5,000만 원 이하의 벌금형에 처해질 수 있답니다.

아무 말도 없다가 갑자기 다음 주까지만 나오라는데, 이거 불법 아닌가요?

불법 맞습니다. 사업주가 노동자를 해고하려면 적어도 30일 전에 미리 알려야 합니다. 그렇지 않을 경우 30일분 이상의 임금을 지급해야 한답니다. 그러나 근로자가 계속 근로한 기간이 3개월 미만인 경우, 천재·사변, 그 밖의 부득이한 사유로 사업을 계속하는 것이 불가능한 경우, 근로자가 고의로 사업에 막대한 지장을 초래하거나 재산상 손해를 끼친 경우에는 예외로 하고 있습니다.

지금까지 확인한 내용들은 알바를 하기 전에 꼭 알아 둘 필요가 있습니다. 많은 알바 노동자들, 특히 청소년 노동자들이 대부분 잘 모르고 있는 부분들입니다. 학교에서 가르쳐 주지 않기 때문이지요. 학교는 노동 교육, 노동 인권 교육을 불필요한 것으로 여깁니다. 조만간 노동자로 살아갈 예비 노동자들을 가르치면서 마치 공부와 노동은 전혀 상관없다는 듯 외면해 버립니다. 삶과 동떨어진 앎은 진짜 앎이 아닙니다. 학교가 입시 학원과 다르다면, 학교는 삶에 필요한 앎을 가르쳐야 합니다(이 문제는 다음 장에서 더 자세히 다루겠습니다).

　노동자가 스스로 아는 것도 중요하지만, 정부의 철저한 관리 감독과 엄격한 법 집행도 그만큼 중요합니다. 현실에서 노동법을 위반한 사업주는 경미한 처벌을 받고 있고 아르바이트 관련 진정은 금액이 크지 않다 보니 우선순위에서 밀리기 일쑤죠. 금액의 크고 작음을 떠나서 가장 열악한 처지에 있는 이들을 먼저 돌보기 위해서는 알바와 관련된 문제를 해결해 줄 전담 근로 감독관도 필요합니다. 알바 노동자가 부당한 대우를 받았을 때, 문제를 해결하는 제도적 방법은 근로 감독관을 통해서랍니다.

하라는 공부나 하라고?

아동 노동이나 청소년 노동 착취는 뿌리를 뽑아 없애야 하지만, 그것이 아동과 청소년은 노동에 대해 알 필요가 없다는 말이 절대 아닙니다. 오히려 더 알아야 합니다. 알아야 당하지 않을 테니까요. 한국 청소년 정책 연구원의 〈청소년 아르바이트 실태 조사 및 정책 방안 연구 1〉에 따르면, 부당한 처우를 당해도 아무런 대응을 하지 않았다는 응답이 28.3%였죠. 그런데 노동 인권 교육을 받은 경우에 대응 비율이 40%로 높아졌답니다. 노동 인권 교육은 노동 기본권을 지키는 첫걸음이죠.

그러나 노동 인권 교육을 받은 청소년이 받지 못한 청소년보다 훨씬 적은 게 현실이죠. 2018년 경기도 교육 연구원의 통계에 의하면, 아르바이트를 하는 청소년의 61.7%가 노동 인권 교육을 받은 경험이 없었습니다. 우리는 대부분 노동자이면서도 노동자의 권리에 무관심하고 노동자로서의 의식에 무감각합니다. 기본적인 교육을 받지 못한 탓이 큽니다. 한국의 학교에서 노동 교육은 찬밥 신세를 면하기 어렵답니다. 교과서에서 일부 담고 있지만 분량이 적고 깊이도 얕죠.

대부분의 선진국에서는 제도권 교육 과정에 노동 교육이 들어 있습니다. 초등학교에서부터 노동의 가치와 중요성, 노동자의 권리, 노동조합의 필요성 등을 가르친답니다. 체험 활동으로 노조를 직접 방문해서 노조가 왜 필요한지, 무슨 일을 하는

지 등을 배우기도 합니다. 한국 학생들이 진로 체험 활동으로 유명 대학교를 탐방하는 것과는 질적으로 다르죠(대학교 탐방은 진학 연계 활동일 수는 있지만 진로 체험이나 직업 체험은 아니죠).

독일은 '노동 사회'로 불릴 정도로 노동을 중요하게 생각합니다. 노동학(Arbeitslehre)이라는 학문이 따로 있을 정도죠. 독일은 초등학교에서부터 노동 교육을 체계적으로 받는답니다. 단순히 지식만 학습하는 게 아니라 토론 및 체험 학습을 통해 노동 현장을 간접 경험하지요. 가령 나중에 노동조합에 가입했을 때 꼭 필요한 단체 교섭을 모의 실습 형태로 익히죠. 독일의 초등학교에서는 1년에 6번 정도 모의 노사 교섭을 합니다.

노사 교섭은 노동 3권을 다루면서 살펴본 단체 교섭과 같답니다. 노동조합의 대표와 사용자, 즉 회사의 대표가 만나서 임금과 같은 노동 조건에 대해서 서로 의논하고 절충하는 거라고 배웠죠. 학생들은 노동조합 간부 역할도 하고, 경영자 역할도 해 보면서 각자의 입장을 헤아려 볼 수 있습니다. 단체 교섭을 미리 경험함과 동시에 양쪽 입장을 균형 있게 파악할 수 있답니다. 그 과정을 대학생도 아닌 초등학생이 1년에 6번이나 연습합니다.

중등 과정에서 노동 교육은 더욱 심화됩니다. 일반 사회과 전체 분량의 약 1/3~1/4을 노동 교육이 차지하고 있습니다. 교육 내용은 여러분이 상상하는 것 이상으로 구체적이고 세밀하죠. 파업이 실제로 벌어졌을 때 할 일들을 아주 자세히 배우거든요. 가령 기자 회견문 작성법, 항의 문건 보내는 법, 벽보와 현수막 제작 방법, 서명 운동 전개하는 방법 등을 배운답니다.

심지어 노동조합 간부가 언론과 인터뷰할 때 지켜야 할 원칙과 요령 등도 배웁니다. 한국 학생들이 대학을 졸업할 때까지도 배우지 못하는 내용이죠.

프랑스 역시 정규 교육 과정에서 노동 교육을 실시합니다. 프랑스 초등학교 4·5학년이 배우는 한 시민 교육 교과서는 노동권과 노동자의 단결권 등을 규정한 **세계 인권 선언 23조**를 소개하고 있죠. 세계 인권 선언 23조는 노동자의 권리를 전반적으로 규정한답니다. 또 실업, 노동조합 등의 개념을 설명하고 노동자들이 파업하는 사진을 싣기도 했죠. 프랑스는 초등학교부터 고등학교까지 노동권, 노동법, 노동 운동, 노동조합 등 노동과 관련된 광범위한 분야를 체계적으로 가르칩니다.

프랑스 고등학교 1학년 사회 교과서는 전체 분량의 3분의 1이 단체 교섭의 전략과 전술에 대한 내용입니다. 한평생을 노동자로 살아가는 이들에게 단체 교섭이 그만큼 중요하다는 의미 아닐까요? 더불어 그런 걸 가르치는 게 사회적으로도 유익하다는 역사적 경험이 반영돼 있겠죠. 단체 교섭의 전략과 전술에 대한 교육은 인문계와 실업계 고등학교에서 공통으로 실시합니다. 또 임금, 파업, 아동 노동, 여성 노동, 노동 계약서

| 모든 사람은 노동할 권리, 자유롭게 직업을 선택할 권리, 공정하고 유리한 조건으로 노동할 권리, 그리고 실업 상태에 놓였을 때에 보호받을 권리를 가진다. 모든 사람은 어떠한 차별도 받지 않고, 동일한 노동에 대하여 동일한 보수를 받을 권리를 가진다. 모든 노동자는 자신과 그 가족이 인간적으로 남부끄럽지 않게 품위를 지키고 살아갈 수 있도록 보장해 주는 정당하고 유리한 보수를 받을 권리를 가진다. 모든 사람은 자신의 이익을 보호하기 위해 노동조합을 결성하고 노동조합에 가입할 수 있는 권리를 가진다.

등에 대해서도 구체적으로 가르칩니다. 이를 통해 나중에 노동자가 됐을 때 부당한 대우를 받지 않도록 돕습니다.

영국의 노동 교육은 "노동을 경제의 하위 요소가 아니라 시민의 다양한 존재 방식"(영국 정부가 발간한 〈출발: 일할 권리와 책임〉)으로 다루죠. 그래서 영국에서 노동 교육은 시민 교육의 중요한 영역으로 자리 잡고 있답니다. 영국은 2002년부터 '시민 교육'이라는 교과목을 학교 정규 교육 과정에 도입했답니다. 시민 교육은 중학교부터 영어, 수학, 과학과 함께 필수 교과로 운영되죠.

노동조합 가입률이 낮고 유럽에 비해 강력한 노동 운동의 역사가 없는 미국조차 중학교용 《시민론》 교과서에서 정부와 노동이라는 주제 아래 노사 관계, 노조의 형성, 노조의 현주소 등을 배운답니다. 중학교 역사 교과서에 실린 '노동 운동사'라는 단원에서는 노동 운동사의 성공한 사례와 실패한 사례를 분석해 놓고 있죠.

한국은 어떨까요? OECD 회원국들은 초등학교 정규 수업에 노동 교육을 포함하고 있지만 한국의 초등학교 교육 과정에는 거의 없습니다. 중·고등학교 사회 교과서에서 일부 다루기는 하지만 대단히 적은 분량이죠. 다른 교과도 마찬가지랍니다. 노동은 경제에서 매우 중요한 문제인데도 경제 교과서 역시 노동 문제를 거의 다루지 않습니다. 노동자는 없고 소비자만 등장할 뿐이죠. 경제 교육은 있지만 그 안에 노동 교육은 없고, 진로 교육은 있지만 진로 계획에 노동은 빠져 있습니다. 오직 직업 선택의 관점에서 진로 교육을 하고 있죠.

한국의 초등학교에서는 노동 문제를 아예 다루지 않습니다. 3학년부터 시작되는 초등 사회 교과에는 노동 문제가 없답니다. 노동에 대한 내용은 중학교 사회 과목에 처음으로 등장하죠. 중학교 사회 과목은 총 170시간을 수업하는데 지리 영역이 85시간, 일반사회 영역이 85시간입니다. 그중에서 노동 관련 시간은 고작 2.2시간에 불과합니다. 분량은 평균 4쪽 정도에 지나지 않고요.

고등학교에서는 1학년 때 배우는 《통합 사회》에 나오죠. 고등학교도 중학교와 크게 다르지 않습니다. 근로 계약서 작성 방법, 청소년 아르바이트 십계명 등 구체적인 내용을 담고는 있지만 딱 거기까지만이죠. 분량도 몇 쪽 안 되고, 노동 3권이나 노동조합보다 심화된 내용은 거의 빠져 있습니다. 다루는 단원 안에서도 소수자 차별 문제 등과 섞여 있어서 수업 시간도 1.8시간 정도에 불과하죠. 고등학교 2학년 때 배우는 법과 정치와 사회·문화 등도 각각 1시간 분량을 담고 있지만, 이들 과목은 선택 과목이라서 모든 학생이 배우는 것도 아닙니다.

2015년 개정 교육 과정이 반영되어 시중에 나와 있는 중·고등학교 사회·경제·윤리 교과서는 총 66권입니다. 이들 교과서는 총 17,000여 페이지에 달하는데, 그중 '노동'을 다룬 부분은 200페이지도 안 됩니다. 1% 수준이죠. 66권의 관련 교과서 중에서 노동을 독립된 단원으로 다룬 교과서는 단 한 권도 없으

| 초등학교 6학년 1학기 사회 교과서의 〈우리나라의 경제 성장〉 단원에서 '노사 갈등'을 언급하면서 대화로 문제를 해결해야 한다는 내용만 짧게 언급하고 있을 뿐입니다.

며 '인권', '시민 의식' 등을 가르치면서 곁다리로 언급하는 수준에 불과하답니다. 초등학교부터 고등학교 1학년 공통 교육 과정까지 10년간 1만 418시간의 수업을 듣는데, 노동 교육 시간은 고작 4시간에 불과합니다.

대학으로 가 보죠. 어느 대학교에나 기업의 채용 정보를 제공하는 취업 센터가 있습니다. 그런데 대부분의 대학에 노동 인권 센터 같은 것은 없답니다. 많은 대학생들이 학업과 알바를 병행하고 있고 졸업생들이 취업 후 노동 인권 문제로 어려움을 겪는 현실을 생각하면 취준생을 위한 노동 교육이 필요할 법도 한데 말이죠. 학생 교육과 취업 정보 제공까지는 대학의 일이지만, 노동 인권은 각자의 몫이라는 걸까요?

어른들은 학생들이 노동 문제에 관심을 가질 필요가 없다고 생각합니다. 학생이 할 일은 공부뿐이고 그들의 자리는 오직 학교라고 생각하죠. 현실은 어른들의 생각과 다릅니다. 일반계고 학생들의 알바뿐만 아니라 특성화고 학생들의 현장 실습만 봐도 그렇죠. 현장 실습은 학교에서 배운 내용을 산업 현장에서 적용하고 익히는 과정입니다. 이들처럼 노동 현장에서 일하는 학생들이 적지 않은데, 언제까지 "애들은 몰라도 돼"만을 반복할 건가요? 눈을 감는다고 세상이 없어지지 않는 것처럼 현실을 외면한다고 현실이 사라지는 건 아니죠.

늦었지만 2018년부터 특성화고·마이스터고 등 직업계고 학생들은 《성공적인 직업 생활》 과목을 배우게 됐습니다. 그러나 직업 교육을 실시하지 않는 일반 고등학교는 대상이 아니죠. 일반계고 학생들도 언젠가 노동자가 됩니다. 대학을 가든 안 가

든 마찬가지죠. 고등학교 졸업 후에 바로 노동자가 되느냐, 4년 뒤 대학 졸업 후에 노동자가 되느냐의 차이일 뿐인데 노동 교육엔 차등을 두고 있답니다. 대학생이 되더라도 별도로 노동 교육을 받는 것도 아닌데 말입니다. 평생을 노동자로 살아갈 사람들이 평생 한 번도 노동 교육을 받지 못한다는 사실이 아이러니합니다.

여러분은 대부분 노동자의 자식이고, 앞으로 노동자가 될 것입니다. 훗날 여러분의 자식도 노동자로 살아갈 가능성이 높죠. 그럼에도 우리는 노동자의 권리에 대해서 무관심하거나 무지합니다. 기업 중심의 반(反) 노동자 의식을 내면화하고 있죠. 불법 파업, 과격 노조, 귀족 노조…. 학교도 그렇게 가르치고 언론도 그렇게 떠드니까요. 다들 기업의 편에 서 있죠. 여기에는 기업 중심의 교육도 한몫하지만 더 나아가 우리가 노동자 의식보다 소비자 의식에 젖어 있는 것도 크게 작용합니다.

예전 초등학교 6학년 사회 교과서에는 마트 계산원에 대한 두 가지 그림이 실려 있었습니다. 마트 계산원이 의자에 앉아 계산하는 그림과 서서 계산하는 그림이었죠. 두 그림을 보여 주고 학생들에게 의견을 물어 보면 대다수가 마트 계산원이 의자에 앉아 계산하는 그림을 보며 "건방져 보인다", "예의 없어 보인다"라고 답했다고 합니다. 전형적인 소비자 마인드지요. 노동자들의 파업을 보면서 자신이 겪을 불편과 불이익만 생각하는 것도 비슷한 태도죠.

당연히 소비자의 관점에서 생각할 수 있습니다. 문제는 대부분의 사람들이 소비자이면서 동시에 노동자라는 사실에 있습니다. 소비자이면서 노동자이고, 자기가 노동자가 아니라도 가족 중 한둘은 노동자일 가능성이 높죠. 우리는 소비자의 관점뿐만 아니라 노동자의 관점에서도 생각할 필요가 있습니다. 그러려면 우선 노동자 의식부터 길러야 합니다. 노동 교육이 중요한 이유가 바로 여기에 있지요.

어릴 때부터 노동 교육을 받은 사람은 자신의 권리에 더 예민할 수밖에 없습니다. 권리 침해에 대해서 즉각적으로 반응하고 권리 회복을 위해서 적극적으로 행동하죠. 이처럼 노동 교육은 우리가 한 사람의 시민으로 살아가는 데 더없이 중요합니다. 선진국에서 노동 교육이 시민 교육의 고갱이로 자리 잡은 이유이지요. 그러나 한국 교육은 이를 소홀히 다루고 있습니다. 국민 대다수가 노동자인 현실을 생각한다면 노동의 가치, 노동자의 권리, 건전한 노사 관계 등을 배우는 노동 교육이 더욱 충분히 이뤄져야 하지 않을까요?

너는 나다

서울시 구의역 9-4 승강장 스크린 도어 유리에는 "너는 나다"라는 문구가 적혀 있습니다. 2016년 5월 28일 구의역 승강장에서 스크린 도어를 혼자 수리하다 열차와 스크린 도어 사이에 끼여 목숨을 잃은 김 군을 추모하는 글귀죠. 김 군은 고3 때부터 현장 실습을 나갔고, 고교 졸업 몇 달 만에 생을 마감해야 했습니다. "너는 나다"에는 김 군처럼 열악한 노동 조건에 놓인 젊은 이들의 깊은 연민과 공감이 배어 있답니다.

김 군 사고는 '위험의 외주화'를 적나라하게 보여 주는 동시에 특성화고 졸업생 노동자가 처한 열악한 노동 조건도 보여 줍니다. 노동 조건이 열악하고 일이 적성에 맞지 않고 상사의 폭언과 폭력에 시달려도 학생들은 현장 실습을 쉽게 그만두지도 못하죠. 학교가 막기 때문입니다. 10명이 취업을 했다고 하면 현장 실습을 나갔던 사업장에서 계속 일을 하는 경우는 1~2명에 불과하다고 합니다. 대부분은 퇴사한 뒤 알바를 하거나 대학 준비, 백수 생활을 이어 가죠.

학생들은 왜 현장 실습을 쉽게 그만두지 못할까요? 그만두면 담임 선생님에게 '배신자'로 찍히게 됩니다. 궁극적으로는 취업률 때문이죠. 취업률은 학교 입장에서 더 많은 정부 지원금을 받기 위해 필요합니다. 따라서 취업률만 높이는 실습이 마구잡이로 추천됩니다. 그 결과 전공과 상관없이 학생들을 마구 파견하죠. 학교라기보다 인력 파견 업소에 더 가깝습니다. 과도한 비판 아니냐고요?

2017년 1월
- 전주 LG유플러스 고객 센터에서 일하던 현장 실습생 자살
- 여수산단 대림산업 협력 업체에서 일하던 현장 실습생 자살

2017년 11월
- 제주 음료 공장에서 일하던 현장 실습생 기계에 끼여 사망
- 안산시 플라스틱 제조 공장에서 일하던 현장 실습생 투신자살

모두 2017년 한 해에 일어난 일들입니다. 이전에도 이런 일들은 비일비재했죠. 2017년 1월 자살한 학생은 전공과 무관한 업체에 파견돼서 비극적 최후를 맞았죠. 전공이 애완동물과였는데, 학교는 전공과 아무 관련도 없는 콜센터로 파견했습니다. 그 학생은 "나 콜 수 못 채웠어"라는 말을 남기고 목숨을 끊었답니다. 꽃다운 나이에 꽃을 피워 보지 못한 채 죽어야 했던 목숨들을 생각하면 학교가 인력 파견 업소와 다르지 않다는 비판이 나올 수밖에 없습니다.

어른들은 청소년을 '노동하는 존재'가 아닌 '교육받는 존재'로 규정합니다. 그래서 노동조차 교육의 일환으로 생각하죠. 문제는 이러한 생각이 자칫 노동을 교육으로 포장해 착취하는 수단이 되고 있다는 것입니다. 말로만 학습이나 안전을 내세울 뿐 산업 현장에서는 저임금 노동을 착취하는 수단으로 변질된 것이지요. 야간 노동, 연장 노동에 대한 수당도 제대로 지급하지 않고 주휴 수당을 받는 비율은 10% 내외랍니다. 학생이라기보다 값싼 인력, 제대로 된 취업 교육이 아니라 저렴한 소모품으로 취급되는 겁니다.

앞서 살펴본 것처럼 학생을 '배우는 사람'으로 제한하면서 '노동하는 사람'으로서 그들의 현실이 은폐되어 온 것입니다. 그저 현장 실습이 교육의 일부라고만 생각해 왔던 거죠. 그래서 노동 조건에 대한 의식이 낮을 수밖에 없었습니다. 배움과 노동을 철저히 구분하다 빠진 함정입니다. 고용주와의 관계는 고용주와 노동자의 관계가 아니라 어른과 학생, 어른과 아이라는 연령주의적 서열 관계가 은연중에 깔려 있습니다. 그래서 특성화고 졸업생들은 노동 현장에서 "야", "너", 혹은 "어이, 고졸"로 불리기 일쑤랍니다.

그러나 산업 현장에서 현장 실습은 학습이 아닌 노동이었습니다. 엄연히 노동이었지만 노동으로 제대로 인정받지 못했죠. 노동조합에도 가입할 수 없어 제대로 된 노동권을 보장받지도 못했습니다. 오랫동안 현장 실습이라는 이름으로 학생들을 열악한 노동 조건과 저임금 노동으로 내몰았던 거죠. 수습

기간에 3개월까지 최저 임금의 90%를 지급하는 경우도 있었습니다(노동 계약이 1년 미만일 때는 수습 기간을 둘 수 없답니다). 학습이 아니라 저임금 노동 착취였죠. 사정이 이렇다 보니 학생들은 현장 실습제를 '현대판 노예제'라고 부르기도 합니다.

앞서 다룬 것처럼 설사 최저 임금 이하로 노동 계약을 체결했더라도 최저 임금을 받을 수 있습니다. 애초에 성립할 수 없는 계약은 법적 효력이 없거든요. 개인 간 계약을 맺었다 해도 법(최저 임금법)을 어긴 불공정한 계약은 무효이고 근로 계약 중에서 법정 기준에 미치지 못하는 근로 조건을 정한 부분은 전부 무효가 됩니다(근로 기준법 제15조).

이렇게 여러 문제가 불거지자 교육부는 2018년부터 선도 기업으로 인정받은 업체만 고등학교 3학년 수업 일수의 2/3를 넘긴 학생들을 채용하는 방식으로 전환했습니다. 늦었지만 그나마 다행스러운 결정입니다. 나중에 정권이 바뀌면 현장 실습 제도가 또 어떻게 바뀔지 모르지만 이것 하나만은 다 같이 기억했으면 합니다. 학생들은 소모품이 아니라 사람입니다. 생명은 돈보다 소중합니다. 시인 이문재는 〈어떤 경우〉라는 시에서 다음과 같이 썼습니다.

어떤 경우에는
내가 이 세상 앞에서
그저 한 사람에 불과하지만

어떤 경우에는
내가 어느 한 사람에게
세상 전부가 될 때가 있다

어떤 경우에도
우리는 한 사람이고
한 세상이다

학교에서 배울 수 없는 진짜 공부

  지금 여러분이 입고 있는 옷이 어떻게 만들어져 여러분에게 왔는지 아나요? "문득 어제 산 외투 내 가슴팍에 기대 눈물 흘리며 하소연하네. 내 말 좀 들어 달라고. 난 사람이었네. 공장 속에서 이 옷이 되어 팔려 왔지만. 난 사람이었네." 가수 루시드 폴이 부른 〈사람이었네〉의 가사랍니다.

  모든 옷이 그런 건 아니지만 어떤 옷의 경우, 우리에게 닿기까지의 여정을 거꾸로 더듬다 보면 그 끝에서 아동 노동을 만나게 됩니다. 옷, 커피, 팜유(야자 씨로 짠 기름으로 버터의 원료), 초콜릿, 바나나, 스마트폰 등도 비슷합니다. 여기에도 고사리손의 땀과 수고가 배어 있지만 우리는 그 물건들 끝에 아동 노동이 있다는 사실을 모르고 지나갑니다. 직접 생산한 사람들, 즉 노동자들을 거쳐 만들어진 물건들만 만나기 때문이지요. 문학 평론가 황현산은 이를 '간접화의 세계'라고 표현한 바 있습니다. 간접화의 세계에서 노동은 보이지 않습니다.

  우리 눈에는 노동의 결실만 보일 뿐 노동의 과정은 보이지 않지만, 세상은 노동으로 굴러가고 만들어지죠. 노동의 관점에서 세상을 보면 세상은 온통 노동으로 가득하답니다. 우리를 둘러싼 세계는 노동의 결과물입니다. 자연을 제외하고 우리가 이용하는 거의 모든 것들이 누군가의 노동으로 만들어지죠. 노동 덕분에 생존에 필요한 것들을 얻고 편리하게 생활할 수 있답니다. 사람의 일생도 성인이 된 이후에는 노동으로 점철되죠. 우리가 먹고 입고 사는 것들이 노동의 산물인데도 노동은 낯설고 무겁고 이질적입니다.

낯섦은 곧잘 무시로 이어지죠. 몸을 쓰고 땀을 흘리는 노동에 대해선 특히 더 그렇답니다. 육체노동을 낮게 보고 육체노동자를 홀대하죠. 혹시 1923년에 제정된 제1회 어린이날이 몇 월 며칠이었는지 아나요? 최초의 어린이날은 5월 5일이 아니라 5월 1일이었답니다. 방정환 선생님은 어린이들이 노동자들과 마찬가지로 존중받지 못한다고 생각했지요. 그래서 노동절인 5월 1일을 어린이날로 택했답니다. 그때로부터 거의 100여 년이 흘렀는데, 노동자의 처지는 달라졌을까요? 나아진 부분도 있지만 100년의 시간이 무색할 만큼 그대로인 것도 있습니다.

영국의 국제 구호 기구 '옥스팸'이 발표한 〈2018년 불평등 해소 실천 지수〉 보고서는 '노동권과 임금' 분야를 포함하는데, 이는 노동자와 노동조합 권리 보장, 여성 노동자의 법적 권리, 최저 임금 등을 중심으로 각국의 노동 조건을 평가합니다. 한국은 해당 분야에서 157개국 중 61위에 그쳤지요. 노동자들이 '잃어버린 권리'를 찾아 나설 필요가 있는 것입니다. 어떤 권리든 그 권리의 보장 수준이 높아지려면 권리의 주체가 '권리를 위한 투쟁'(루돌프 폰 예링)에 나서야 한답니다.

학생들을 마구 때리고 학대하는 등 인권을 짓밟는 학교가 있다고 해보죠. 그런데 학생들이 "우리가 맞을 짓을 했으니까." 하면서 학교에 이를 항의하지 않고 묵묵히 받아들인다면 어떻게 될까요? 체벌은 '사랑의 매'라는 이름으로 계속되고 학생들의 처지도 달라지지 않겠죠. 이런 상황이라면 학생 인권은 나아질 수 없을 겁니다. 청소년이 스스로 문제의식을 가지고 요구할 때라야 청소년 인권은 보장되고 신장될 수 있습니다.

노동자의 권리도 마찬가지입니다. 노동 문제는 노동자 스스로 제기해야 합니다. 아무도 대신해 줄 수 없답니다. '권리 위에 잠자는 자는 보호받지 못한다'는 말이 있죠. 자기 권리를 위해 스스로 나서라는 뜻입니다. 그러려면 자신이 누구인지, 자신의 권리가 무엇인지부터 분명히 알아야겠죠. 자신이 노동자라면 노동자의 입장에서 사회와 경제를 볼 줄 알아야 합니다. 노동자 의식을 가지고 기업의 횡포와 정부의 무능을 똑바로 봐야 하지요. 그것이 문제를 해결하기 위한 첫걸음 아닐까요? 문제점을 고치려면 우선 문제를 문제로 인식할 줄 알아야 한답니다.

또 하나, 노동자들끼리 뭉쳐야 합니다. 문제를 해결하려면 혼자 힘만으로는 안 됩니다. 하나로 뭉쳐 힘을 모아야만 문제를 해결할 수 있지요. 노동자들이 뭉치는 방법은 간단합니다. 바로 합법적으로 노동조합을 결성하는 것입니다. 노동조합이라는 울타리 안에서 뭉칠 때 노동자들의 힘은 세집니다. 나뭇가지 하나는 쉽게 부러뜨릴 수 있지만 나뭇가지 다발은 쉬이 꺾을 수 없는 이치와 같죠. 2016년 기준으로, 노동조합 가입률을 보면 아이슬란드 83%, 핀란드 69%, 스웨덴 67%에 이르는데, 한국의 노동조합 가입률은 10% 남짓으로 OECD 평균의 절반에도 미치지 못한답니다.

처음부터 완전무결한 사회는 없습니다. 하나씩 문제를 해결하면서 더 나은 사회를 만들어 가는 거죠. 노동자의 자녀이자 훗날 노동자가 될 우리가 노동 문제에 관심을 가져야 할 이유가 여기에 있습니다. 교육도 빼놓을 수 없죠. 2016년 프랑스에서 고등학교 100여 곳의 수업이 중단된 사태가 있었답니다. 해고 요건 완화, 초과 근무 연장 등 노동법 개정에 반대하는 시위가 프랑스 전역에서 일어났고 고등학생들도 동참했던 것이지요. 이것이 바로 노동 교육의 결과랍니다.

한국의 학교는 어떨까요? 노동 교육은 거의 없다시피 합니다. 학교는 진짜 중요한 것들을 가르치지 않을 때가 많거든요. 여러분이 생각하기에 학교에서 배우는 교육 내용 중에서 불필요하다고 느낀 게 있었나요? 반대로 학교에서 배우지 않지만 배울 필요가 있다고 생각한 것이 있었나요? 저는 학교에서 충분히 가르치지 않지만 반드시 배워야 할 것들이 여럿 있다고 생각합니다. 노동, 인권, 환경, 피임법 등이 대표적이죠. 학교에서 가르치긴 하지만, 제가 볼 때는 충분히 그리고 충실히 가르치는 것 같진 않습니다. 노동이나 피임법 등은 국영수 못지않게, 어쩌면 그보다 더 중요할지 모릅니다.

사람이 살아가는 데 꼭 필요한 내용을 가르치는 것이 교육이라고 한다면 학교는 진짜 공부를 어물쩍 넘기고 있는 건 아닐까요? 이제, 학교에서 잘 가르쳐 주지 않는 진짜 공부를 시작해 보는 건 어떨까요?

오승현

참고 문헌

강수돌, 《노동을 보는 눈》, 개마고원, 2012

강수돌, 《자본주의와 노사관계》, 한울아카데미, 2014

강신준, 《오늘 『자본』을 읽다》, 길, 2014

공윤희 외, 《찰리와 초콜릿 공장이 말해주지 않는 것들》, 샌들코어, 2016

구본권, 《로봇 시대, 인간의 일》, 어크로스, 2015

구정화, 《청소년을 위한 인권 에세이》, 해냄, 2015

국회 입법 조사처, 〈근로 기준법 적용 범위 확대 방안〉

권정생, 《우리들의 하느님》, 녹색평론사, 2008

김상기, 〈인권과 노동 3권〉

김연아, 〈비정규직의 직업이동 연구〉

김은식, 《로봇 시대 미래 직업 이야기》, 나무야, 2017

김의석 외, 《청소년을 위한 노동법 길라잡이》, 우리교육, 2004

김진혁, 《5분 : 세상을 마주하는 시간》, 문학동네, 2015

김찬호, 《생애의 발견》, 인물과사상사, 2009

노명우, 《프로테스탄트 윤리와 자본주의 정신, 노동의 이유를 묻다》, 사계절, 2008

더 나은 세상을 꿈꾸는 어린이책 작가 모임, 《비정규 씨, 출근하세요?》, 사계절, 2012

로먼 크르즈나릭, 《인생학교 일》, 쌤앤파커스, 2013

루이스 캐럴, 《이상한 나라의 앨리스》, 시공주니어, 2001

류은숙 외, 《일터괴롭힘, 사냥감이 된 사람들》, 코난북스, 2016

리오 휴버먼, 《자본주의 역사 바로 알기》, 책벌레, 2000

미셸 푸코, 《광기의 역사》, 나남출판, 2003

민주 노총, 〈2018 노동자권리찾기 안내수첩〉

바버라 에런라이크, 《노동의 배신》, 부키, 2012

박정훈, 《최저임금 1만 원 알바들의 유쾌한 반란》, 박종철출판사, 2018

버트런드 러셀, 《게으름에 대한 찬양》, 사회평론, 2005

볼테르, 《미크로메가스·캉디드 혹은 낙관주의》, 문학동네, 2010

부산시 교육청, 〈특성화고·마이스터고 현장 실습 안내서〉

서울시 교육청 학교 인권 교육 센터, 〈일하는 청소년을 위한 노동인권 꿀팁〉

송태수, 〈시민성 함양의 평생교육 – 영국과 독일의 노동 교육 사례〉

시어도어 젤딘, 《인간의 내밀한 역사》, 강, 2005

신성호, 〈노동 문제 숨은 사회경제 교육〉

양승엽, 〈프랑스 법조 노동조합의 구성과 활동〉

양정호, 《하청사회》, 생각비행, 2017

엄기호, 〈청소년과 노동〉

여성 가족부, 〈2017년 청소년종합실태조사〉

오연호, 《우리도 행복할 수 있을까》, 오마이북, 2014

올더스 헉슬리, 《멋진 신세계》, 문예출판사, 1998

유엔 아동 권리 위원회, 〈대한민국 3, 4차 정부 보고서에 대한 아동의 권리에 관한 협약 최종 견해〉

은수미, 《날아라 노동》, 부키, 2012

은수미, 《만국의 알바여, 정치하라》, 창비, 2017

은수미, 《은수미의 희망마중》, 윤출판, 2017

이수정, 《10대와 통하는 일하는 청소년의 권리 이야기》, 철수와영희, 2015

이수정 외, 《십 대 밑바닥 노동》, 교육공동체벗, 2015

이정우, 《불평등의 경제학》, 후마니타스, 2010

이정우, 《약자를 위한 경제학》, 개마고원, 2014

이진경, 《근대적 시·공간의 탄생》, 그린비, 2010

이진경, 〈노동의 인간학과 맑스주의〉

이진경, 《자본을 넘어선 자본》, 그린비, 2004

이철수 외, 《나는 무슨 일하며 살아야 할까?》, 철수와영희, 2011

에드워드 파머 톰슨, 《영국 노동계급의 형성》, 창비, 2000

옥스팸, 〈불평등 해소 실천 지표 2018〉

장하성, 《왜 분노해야 하는가》, 헤이북스, 2015

장하준, 《그들이 말하지 않는 23가지》, 부키, 2014

제러미 리프킨, 《노동의 종말》, 민음사, 2005

조경배, 〈한국의 쟁의행위와 책임〉

조너선 스위프트, 《걸리버 여행기》, 문예출판사, 2008

조준현, 《고전으로 읽는 자본주의》, 다시봄, 2014

조준현, 《중산층이라는 착각》, 위즈덤하우스, 2012

조지프 스티글리츠, 《불평등의 대가》, 열린책들, 2013

조지 오웰, 《동물 농장》, 민음사, 1998

지그문트 바우만, 《왜 우리는 불평등을 감수하는가?》, 동녘, 2013

차남호, 《10대와 통하는 노동 인권 이야기》, 철수와영희, 2013

찰스 디킨스, 《어려운 시절》, 창비, 2009

찰스 디킨스, 《올리버 트위스트》, 창비, 2007

찰스 디킨스, 《크리스마스 캐럴》, 시공주니어, 2003

창작크루 고온, 《열정 페이는 개나 줘》, 탐, 2016

청소년 노동인권네트워크, 《똑똑, 노동인권교육 하실래요?》, 사람생각, 2005

최규화 외, 《숨은 노동 찾기》, 오월의봄, 2015

최우성, 《동화경제사》, 인물과사상사, 2018

최종환 외, 〈민주주의, 언론 그리고 담론정치〉

최진석 〈근대적 시간 : 시계, 화폐, 속도〉

카를로 콜로디, 《피노키오의 모험》, 비룡소, 2010

칼 마르크스, 《자본론 1》, 비봉출판사, 2015

칼 마르크스, 《자본 1-1》, 길, 2008

케이시 윅스, 《우리는 왜 이렇게 오래, 열심히 일하는가?》, 동녘, 2016

토머스 모어, 《유토피아》, 을유문화사, 2007

통계청, 〈국민 여가 활동 조사, 2016〉

통계청, 〈사회 조사 결과, 2017〉

프리드리히 엥겔스, 《영국 노동계급의 상황》, 라티오, 2014

피에르 라루튀르 외, 《주 4일 근무시대》, 율리시즈, 2018

피터 플레밍, 《호모 이코노미쿠스의 죽음》, 한스미디어, 2018

하종강, 《그래도 희망은 노동운동》, 후마니타스, 2006

하종강, 《선생님, 노동이 뭐예요?》, 철수와영희, 2018

하종강, 《우리가 몰랐던 노동 이야기》, 나무야, 2018

한경애, 《놀이의 달인, 호모 루덴스》, 그린비, 2007

한국 경제 연구원, 〈근로 시간 단축의 비용 추정〉

한국 고용 정보원, 〈소득과 시간 빈곤 계층을 위한 고용 복지 정책 수립 방안〉

한국 노동 교육원, 〈선진 5개국 학교 노동 교육 실태〉

한국 노동 사회 연구소, 〈연장 근로 시간 제한의 고용 효과〉

한국 노동 연구원, 〈광주형 일자리 창출 모델 연구 용역 최종 보고서〉

한국 노동 연구원, 〈노동 리뷰 2016년 2월호〉

한국 언론 진흥 재단, 〈신문과 방송 2016년 4월호〉

한국 직업 능력 개발원, 〈KRIVET Issue Brief 2013년 40호〉

한국 청소년 정책 연구원, 〈청소년 근로 실태 조사 및 제도 개선 방안, 2015〉

한국 청소년 정책 연구원, 〈청소년 아르바이트 실태 조사 및 정책 방안 연구 1〉

홀거 하이데, 《노동 사회에서 벗어나기》, 박종철출판사, 2000

홍준희, 《청소년 노동, 정당하게 일할 권리 어떻게 찾을까?》, 내인생의책, 2016

황진구 외, 〈청소년의 노동기본권 보장 방안 연구〉

희망의 언덕, 《행복한 노동자가 될래요》, 바보들꽃, 2017

JTBC 뉴스룸 팩트체크 제작팀, 《팩트체크 경제·상식편》, 중앙북스, 2016

OECD, 〈Employment Outlook 2017〉

단행본은 《》로, 논문 및 보고서 등은 〈〉로 표기했습니다.